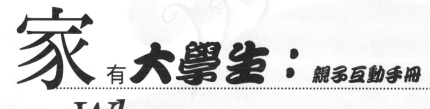

家有大學生：親子互動手冊

When Kids Go to College：
A parent's Guide to Changing Relationships

王慧玲 譯◎

Barbara M. Newman
Philip R. Newman

◎著

作者序

....

　　大兒子Sam上大學的時候，我們花了很長的時間一起討論，試著整理我們的思緒，以對家中即將發生的事情做最好的判斷。我們必須注意其他孩子對於哥哥離家，Sam本身以及我們自己的反應。一起討論時，我們發現當時正經歷到的許多改變，不只是對Sam、對我們以及其他家人也都是一種改變。

　　對很多家庭來說，送孩子上大學是個務實手段，就像是種投資，以確保孩子未來在安全與財務上有所保障。生涯目標與職業準備的訴求，也許會遮掩了智能、社會與情緒成長上的重要性。於是有些學生與父母發現在大學的四、五年間，除教育與職業選擇外，還會發生許多事情時，不免覺得迷惑。

　　大學有許多資源可滿足學生的需求，及幫助學生處理其所面對的挑戰。但是學生家長卻是毫無所獲。校方歡迎我們，鼓勵我們常與老師及校方聯絡，也會在每週寄相關資料來告知我們一些校中的重要事項。此外，當然還有繳費通知。但是對於如何面對家中的改變，如何瞭解發生在大學生身上的事，以及與孩子的關係轉變時，如何瞭解自己的感受等等層面，則常讓家長處於孤立無援狀況。

　　本書是為了家有大學生的父母而寫。希望能在家庭生活的此一重要時期，提供有關父母與孩子在各自發展上的新觀念。

　　孩子在大學時期所作選擇，會成為其成人風格的核心。他們為成人時期設定了一條路徑，從而展開行動、關係與目標承諾，並花上十至十五年的時間實踐其決定。其選擇並非要設定永久而無法改變的目標。生活中不斷有促成改變與成長的新機會。與過去相較，基本

上，當代的成人生活充滿著工作、婚姻、親職與休閒活動上的選擇，年輕人也可以更有效利用其大學生涯。

我們在討論時所碰到的難題之一是：如何稱呼即將上大學的孩子。從某一觀點而言，在父母眼中孩子總是孩子。然而他們不喜歡被當作孩子。

從另一個觀點來看，他們是青少年，正努力學習掌握中學階段在智能、社會與情緒方面的要求。他們不曾經歷過成人所賦予他們的角色與責任。然而大學生自認為不同於中學時的青少年，也不喜歡被稱作青少年。

因此再換個角度看，可以說，他們是年輕的成人。他們能夠投票、從軍、開車、建立信用、擁有穩定的工作、打工以及不需父母的同意就結婚。在他們眼中，自己更接近於成人世界，也比較喜歡被稱作年輕的成人。

然而父母、老師與其他與大學生一起工作的人瞭解，這些年輕的成人仍處於一快速轉變與發現自我的時期。之所以值得與大學生一起生活與成長，即是為了此一轉變意識。大學裡職員、諮詢者、教師與輔導人員都很高興能對大學生的生活產生重大影響。

除了智性方面的成長外，發生在大學中的事還包括：完成課業、選擇主修及畢業。適當的時機來臨時，大學生會以極有力的自我心理意識，成為獨立、合群的人，去面對這個社會並準備對他人、價值與職業做承諾。經由個人之需求及社會環境壓力所造成的張力，個人認同因而形成。

　　形成個人認同係包括：個人質疑、反思與自我檢視之複雜心理過程。此一過程可讓人對自我的長處、短處與潛能有所瞭解，發展個人價值觀、決定職業導向、選擇喜好的生活風格，以及身為男人或女人的體認。年輕人開始瞭解欲達到滿意的生活，必須作某些承諾。大學畢業之前，多數學生已有能力對困難的工作與社會關係做承諾，以達到其所希望創造的生活。

　　當父母與大學生在思考大學生活時，並不認為個人認同與承諾是必要的議題。然而，這類議題終將浮出檯面。認同形成存在於大學生的思想與經驗中，係一整合性過程，是使個人能力獨自發揮或與他人協力產生作用的臨門一腳——使個人能控制自己的生活，並對他人的生活有其創意而不失和諧性的貢獻。

　　如果父母能夠更加瞭解孩子會面對哪些情況及其影響，則能更有效地扮演其引導或建議性角色。我們以自己的觀察所得，真誠希望在你的孩子處於有夢且日漸成形的時期，能豐富你與孩子的關係。

　　本書的內容來自許多來源。有關人類發展以及青少年的發展方面，我們已經寫過多本教科書。本書之研究文獻在上述系列中有更系統性的檢視，本書最後則有各索引之詳細出處。同時，我們也在每章的結尾提出建議讀物。

　　以往在俄亥俄州州立大學之新生訓練期間，對學生家長就大學生之心理發展所作的演講向來由Barbara主導，討論時家長所提出的問題與建議從而形塑成本書。回想自己的大學時期、過去廿五年在大學與學院的工作經驗、兒子離家上大學的體驗、以及與其他家有大學生的朋友所曾有過的交談等，都對我們的想法及選定本書的主題有所影響。

　　第一章介紹在大學時期親子關係改變的動態。第二章描述青少年在大學時期的掙扎與成就，如何導引個人之獨立性，以面對成人期的挑戰。此所謂個人認同。第三章討論大學時期之成熟度與個人價值觀的發展，以及對價值之持續質疑，如何使得我們的文化得一再檢視其所蘊含的價值觀。第四章呈現的理念是每所大學或學院都有其獨特的文化，並討論如何去瞭解如住宿安排等因素對大學生活品質的影響。第五章檢視會影響個人發展之友誼與寂寞的重要性。第六章討論性別角色對形成自我意識的重要性，兼及戀愛及其對大學生之心理成長的影響。第七章檢視認同自己之工作能作出重要貢獻，且因而得以獨立生活之心理歷程，並討論選定主修課程與選擇職業的相關層面。第八章提出大學生可能遇到的某些個人與社會性問題，並提供如何處理該類問題的建議。

　　大學生涯有其獨特的文化。接下來是討論到大學生活時經常用到的一些標題與專有名詞。釐清這些專有名詞的定義，旨在讓你與體制內的人員作更好的協商，以及瞭解孩子口中所描述的大學。

目錄

標題與專有名詞

....

　　上大學（university）或學院（college）就像是一趟未知世界之旅。除了熟知的術語外，你會碰上指涉許多新事物的標題與專有名詞。此外，大學與學院間雖有許多共同點，二者間仍各有其特色。本表提供美國大學與學院間一些共通的標題與專有名詞。孩子註冊時，你或許可以對各定義之特定意義作更明確的認識。

　　本表係依字母排列，以便你迅即找到相關的專有名詞。同時，這些標題與專有名詞亦大分為十類，以便在各節中讀取相關專有名詞。此十大類為學院／大學（college/university）、學位等級（degrees）、行政（administration）、教職員（faculty）、學生品行（student conduct）、榮譽／分班（honors/placement）、課程（courses）、助學貸款（financial aid）、學生服務（student support services）與學生生活（student life）。

課業指導員（academic advisor）
學系（academic department）
學術的不當行為（academic misconduct）
跳級（advanced placement）
助理教授（assistant professor）
副教授（associate professor）
學士學位（bachelor's degree）
講座教授（chaired professor）
校規（code of student conduct）
學院（college）

社區學院（community college）

通勤學生（commuter student）

諮商中心（counseling center）

學院院長（dean）

系主任（department chairperson）

身心障礙者服務（disability services）

討論（discussion）

博士學位（doctoral degree）

教職員（faculty）

期末考（final exams）

財務援助表格（financial aid form）

正教授（full professor）

研究助理（graduate associates / assistants）

大學生聯誼會（Greek council）

大學生聯誼會系統之兄弟會或姊妹會（Greek system）

優等生課程（honors）

期中考（hour exams）

專任講師（instructor）

實驗室（laboratory）

講課（lecture）

兼任講師（lecturer）

通識科目（liberal arts）

碩士學位（master's degree）

少數民族學生事務（minority affairs）

非傳統的學生（nontraditional student）

分班考試（placement tests）

抄襲（plagiarism）

預備會員（pledge）

校長（president）

隱私法（privacy act）

教務行政主管（provost）

學季制（quarter system）

學生宿舍指導員（residence hall counselor）

迎新競賽（rush）

學期制（semester system）

專題討論（seminar）

學生財務援助（student financial aid）

學生會（student government）

學生健康中心（student health center）

學期報告（term paper）

大學（university）

工讀（work study）

學院／大學（college/university）

學院（college）：是學生得以獲得學士學位的較高學習機構（在美國係指高中之後就讀）。學院中有各式學科，區分為不同學術科系，例如，心理學或物理學系。以大學而言，「學院」意指各類有著特定研究領域的大型學術單位，例如，理學院或商學院。學院內有其學術科系。

社區學院（community college）：提供兩年通識教育的學習機構，加上其他技術或專業課程，即可用以申請學院或大學的學士學位。社區學院通常是非住宿性的（學生通勤於家與校園間）。學生完

成社區學院的學習計畫後，得申請相關的學位、特定技術證照，或得同時申請二者。

大學（university）：一較高之學習機構，包含可獲得學士學位的大學部，以及可獲得指碩士、博士以及例如，藥學、法學及獸醫學等專業學位的研究所。

通識科目（liberal arts）：指在學院或大學中，相對於專業科目外，旨在廣泛提昇學生之判斷力、推理、分析與批判性思考能力的科目。文科通常包括：哲學、文學、歷史、語言，以及物理、自然和社會科學，係爲和護理、商業、教育、家庭經濟、工程或農業等專業領域對比之領域。某些學院被指爲共同科大學，意指其著重上述之一般性學科而非專業領域。如果大學中包含專業科目，則常會要求學生必須修習相當學分之共同科課程。

學位（degrees）

學士學位（bachelor's degree）：修習完大學部課程所得到的學位。許多大學都同時有文學士（BA）與理學士（BS）學位。這兩種學位通常是以其在科學、數學、研究及技術性研究計畫上的差異來加以區分。不過，也有可能修過相同科目後，在某學院是獲得文學士學位，在其他學院則是獲得理學士學位。雖然許多學院都是以四年爲期設計其學士學位課程，多數大學生平均得花五年時間才完成學位。

碩士學位（master's degree）：獲得學士學位後可進修進階學分而取得的學位。碩士學位通常要一年半至兩年的時間。多數在文科領域以及許多專業科系都可以獲得碩士學位。最常見的碩士學位是文學

碩士（MA）與理學碩士（MS）。欲取得碩士學位需先完成大學部課程，並準備碩士論文或完成獨立的學術計畫。諸如：藝術、舞蹈或音樂等領域，所能獲得的最高學位爲藝術碩士（MFA）。例如，商業或教育學系，碩士學位則是職業進階的重要證明文件。至於哲學或是化學領域，碩士學位則通常是爲完成博士學位所作的暖身動作。

博士學位（doctoral degree）：最高學位。多數文科以及許多專業領域都可求取博士學位。欲獲得博士學位需完成研究所課程、具研究經驗、準備博士論文、以及完成可獲得學位之學術性著作。學生可研習五至七年，若是無法持續進行，則須花更長時間才能完成博士學位。多數學院或大學都要求其在大學部或研究所任教的教職員需完成博士學位。

行政（administration）

校長（president）：多數學院或大學中的最高行政長官。校長負責機構內所有行政或管理事務，包括：教務、教職員、設施、人事及僱用程序、預算，以及與學生發展、運動、經費之籌措、與社區關係、與政府部門關係以及與校友會關係等的計畫。如該學院或大學之體系普及全州，在該系統內某一大學的領導者稱爲chancellor，而整個體系的領導者才稱爲president。不過，也可能是整個州體系的領導者稱爲chancellor，而各機構的領導者稱爲president。

教務長（provost）：教務長係負責所有教務計畫、大學內之學院事務、入學與升級政策、以及教職員之升遷任用等的行政主管。在教務方面，provost亦得稱爲副校長。有些學院則是由學院院長負責上述事務。

學院院長（dean）：學院院長係指大學內某學院之行政主管，例如，工學院、或人文與自然科學院的院長等。院長視同學院內的校長，負責學院內所有教務計畫之督導與品質；學院內之研究導向；徵聘教職員；以及諸如：諮商、教導與生涯規劃等的學生服務；與校友會關係；以及經費之籌措等事務。例如，系預算、更改教務規定、提出新教案、以及教職員之升遷與任用等等，院長所作之決定仍須經大學方面之核可。

許多學院之院長一職係賦予在院際事物上責任最重的人，例如，學生長或教職員長。

系主任（department chairperson）：系主任是各學系的行政領導者。多數學院的系主任係直接向教職員長負責；多數大學的系主任則是向所屬科系位置所在的院長負責。系主任有時意指系領導者，不論在學院或大學中皆是極為重要的行政主管。系主任亦為教職員之一員，係一至數學期的領導者。他們通常主動、積極，擔任教學與研究工作，負責專業事務，並直接領導教務工作以及負責教學品質。他們與系上的教職員合作，為學生提供最佳學術方案及解決其問題，並鼓勵教職員在專業領域之持續成長。

學系（academic department）：係任何學院或大學中最基本的單位。學院中之科系，如同社會中之家庭。各科系有其主旨，如英文、化學、社會學、植物學，或者可以是鑽研如家庭關係或臨終研究等跨越多重學習領域的課題。各學院之科系的多寡與類別有相當大的分野。欲詳細瞭解各科系的類別及其所提供的課程，須參考學院簡介或各學院之課程公告欄。

教職員（faculty）

教職員（faculty）：教職員一詞得指在學院或大學中之所有人員，單指系上之成員，例如，歷史系的教職員，或者只指某位教職員。教職員係指學院或大學中有教學、研究及／或服務之責的人。該詞得泛稱所有教務性人員（instructional staff），包括：長期約聘人員，授課的畢業生，以及非長期約聘但教授一兩門課程的人。或者是，可以只狹隘地指稱如講師、助教、副教授或正教授等持有特定職稱的人，或是直接從學院或大學中支薪的人。如學院或大學所指之教職員有其特定意義，應向校方探詢其對教職員一詞之定義。

研究助理（graduate associates / assistants）：助教通常是指那些仍在攻讀博士學位，經校方雇來擔任特定的教學、研究或者是行政工作的人。有時候，助教亦指教學上的伙伴（teaching fellows）、教學助理（teaching assistants）、研究助理（research assistants）或行政業務助理（administrative associates）。許多畢業生在畢業前可能兼過上述各類角色。這類工作亦可以使他們先嫻熟日後成為學院或大學教職員時須擔負之責任或工作。

兼任講師（lecturer）：教職員包括多種職稱。兼任講師通常為暫時性教職。該職稱可泛指生手或深具教學經驗的人。在研究性的大學（research university），兼任講師的要務通常是教學，不太需要主導研究。

專任講師（instructor）：專任講師一詞可以有兩種解釋。該詞通常是指將教授某門課程的人，比如說：「史密斯博士將教授普通社會學」。此外，它也可以是教職員的職稱，在某些完成碩士學位後可准予聘為教職員的領域中，即是以專任講師一級為起聘。

助理教授（assistant professor）：對多數已取得博士學位的教職員而言，助理教授為起聘等級。

副教授（associate professor）：係已擁有博士學位之教職員起聘後之進一層等級。該職稱意味已在教學、研究及專業領域有相當貢獻。副教授等級的教職員，通常至少已在大學部任教六至七年。

正教授（full professor）：正教授（full professor 或簡稱professor），係大學教職員中之最高學術等級。在研究性的大學中，該職稱意指在教學與課程發展上居領導地位，具有國家級學術成果，並在專業領域中有其國際性聲譽。

名譽教授（chaired professor）：在許多學院或大學中，某些傑出的教職員得經非一般性程序，授予名譽教授職位。講座（chairs）或名譽教授職銜通常用以表彰有傑出成就的個人。教職員可以利用此類資源來支持畢業生、提供獎學金、作專業性參觀或拜訪以及其他專業活動。

學生行為（student conduct）

校規（code of student conduct）：大部分學院及大學都有校規，用以在校園內保護個人之權利和財產。該法規是城市、國家、郡與聯邦法等的補充法規，用以管理校園中人。根據該法規，得經司法程序對違規者加以懲處。

隱私法（Privacy Act）：家庭教育權與隱私法（The Family Educational Rights and Privacy Act）得保護學生記錄之隱私權，並界

定學生或他人欲檢視學生就學記錄之規範。

　　學術的不當行為（academic misconduct）：用以指涉任何損害機構之學術完整性或阻礙教育程序之行為的詞彙。諸如：考試作弊、剽竊他人作品為己用、或是篡改實驗及資料分析成果等，皆屬該類行為。

　　剽竊（plagiarism）：將他人之理念或成果視為己有，諸如不標明引自其他來源之文字或或段落的出處；或是不指明真正出處，而將某一理念引為自己的創見。

優等生課程／分級測試（honors/placement）

　　優等生課程（honors）：許多學院及大學都有大學部之優等生課程方案。入學前把關得越嚴格的機構，提供該方案之可能性便越低。學生能否選修該類課程，依其入學考分數、中學成績，或是其在大學部之成績而定。各機構有其不同之的優等生課程方案，通常是由擅長教導資優生的教職員開出特定之課程，且為了讓學生能以更具挑戰性之方式提出其成果報告，而可能有特殊之提交論文時機。該類方案通常能讓學生與其指導教授參與獨立之研究或計畫。學生如在大學部修過該類課程，畢業證書上通常會加以註明。

　　分級測試（placement tests）：學生獲准進入學院或大學後，許多機構仍會在學期開始之新生訓練期間舉行其分級測試，藉以讓校方決定學生將就讀課程之等級。其一般性科目為英文、數學及語文。測試之後，某些學生依成績或許需補修某些課程，有的學生則是可直接上進階課程。

晉級測試（advanced placement）：許多學生在高中時期即選修晉級課程，並就特定科目參加已標準化之晉級測試，藉以和大學部學生之成績作一評比。各學院或大學對上述成績有其不同之認定標準。有些學生如在某科目表現優異，可獲得該課程之學分。也有些學校僅將該成績視爲新生在第一學年應修那些課程之參考。校方之教職員得檢視學生晉級測試成績以決定是否承認其學分。

課程（course）

講授（lecture）：許多學院的課程被稱爲講授課，意指有相當多學生修課，而其主要授課方式則爲演講。講授課的學生並不預期在課堂上與授課者頻繁地互動。

專題（seminar）：專題式課程只有授課者與少數學生，主要的上課方式是課堂討論，教材之批判性分析，以及由學生提出報告。

討論（discussion）：許多講授課都有相關之討論。討論時，學生會主動談論教材，提出並思考與教材不同之觀點，並就觀念或資訊提出問題。選修基本講授課程的學生，通常都已預期應參與討論課程。

實驗室（laboratory）：多數生物與物理課程，以及某些社會科學課程都得作實驗。有時候實驗課程係與講授課連結。高級班則可能直接經由實驗授課。實驗時學生應直接操作素材、進行實驗、分析資料並報告成果。

學期報告（term paper）：通常視爲實質性作業，係於學期開始

時指定，並預定期末前之完成日期。此類作業旨在讓學生有足夠機會發展其理念，依主題廣泛閱覽參考書籍，並依多方蒐集之論據分析報告之主題或相關問題。

期末考（final exams）：就教材所闡述之基本概念，於期末所舉行的考試。期末考時通常沒有課，並有相當時間作準備。這類考試的時間通常是兩小時。

隨堂考（hour exams）：於學期間舉行，考試時間通常是一小時。隨堂考的次數依授課者而異，內容則是該課程於考前所教授的進度。如係於學期中進行，亦得稱為期中考（mid-term exam）。

學期制（semester system）：許多學院及大學係採學期制，意指學校之行事曆係區分為兩等分，有時候是以冬季或聖誕節劃分，或者是在聖誕節假期或寒假後的兩至三個禮拜為分界點。一學期得為14週至16週。在一學期中所修之課程得獲相當之學分。多數課程為3學分的課；不過如果上課時數較密集，或者是學生須作大量實驗與田野工作，其學分數便可能多於3。一課程之學分數係依科系與學院而異。平均每學期應修15個學分。密西根（Michigan）大學、喬治城（Georgetown）大學以及哈佛（Harvard）大學都採用學期制。全美約有75%的大學依學期制運作。

學季制（quarter system）：在美國，某些學院或大學採學季制，意指校方的行事曆乃區分為4個十至十一週的學季。學生通常每年選修三學期，如果暑假所開之課程亦能符合學生之需求，亦可以全年選修。一學季之課程亦相當於固定之學分數。多數課程為3學分的課，依上課時數，亦得為4個、5個或更高學分。大抵上3學期的學分約等於5學季的學分數。此一換算，對從學季制轉至學期制（反之亦然）

院校的學生而言是相當重要的計算基礎。史丹福（Standford）大學與俄亥俄州（Ohio）州立大學採學季制。全美約25%的大學以學季制運作。

財務上的援助（financial aid）

　　學生之財務援助（student financial aid）：若學生本人或其家庭無法擔負其求學所需之支出，可向校方尋求財務支援。三種主要來源為獎學金與補助（屬無需償還型）、貸款（需償還，且利率不一），以及校內的兼職工作。有些學院還可以讓學生在消費合作社打工以換取食宿，作為財務補助。學院或大學皆有專人指導學生如何申請合適之財務支援。核可的基礎則依學生之家庭財務狀況、學業成績或特殊才能而定。多數學校認為家庭有義務提供孩子之高等教育，因此財務援助是依家庭財力、學生所能賺取，以及大學所需支出等三者間之差額作為核准額度之依據。申請援助之學生皆需至少修完12學季或10學期的課程。

　　財務援助表格（financial aid form）：財務援助表格（FAF）係用以對學生及其家庭之財務資源作詳細分析，以便校方、聯邦政府與州決定是否得給予特定之援助。多數學院在進行學生財務援助或推薦獎學金與貸款前，皆要求先完成FAF。

　　工讀（work study）：工讀是聯邦提供學生實質財務援助的方式之一。符合條件而確實需要財務支援的學生，得申請校園內之多種工作。其工資以時薪計，每年有固定之工讀時數，薪資來源則部分出於聯邦政府，部分出於校方。工讀的理念是學生在校園內打工，並妥善安排他們工讀時間以完成學校教育。

學生服務（student support services）

學業指導（academic advisor）：所有學生都各有一位由教職員、本科系教授（professional advisor）或研究生擔任之學業指導。學生應與其學業指導商討研究計畫，以期完成校方或主修科系之要求。學業指導會幫學生作學業上之決定，協助解決學業問題，並協助學生訂出最適合其個人及其生涯規劃之學習計畫。

學生宿舍指導員（residence hall counselor）：學院及大學都會雇用高年級的在學生、研究生或其他專業人員住在學生宿舍以幫助學生處理日常生活上的問題。多數學生宿舍都有舍監負責宿舍內各方面事務，宿舍指導員則駐在各樓層，協助解決學生衝突、確保學生遵守校規、以及鼓勵有意義之交流活動。宿舍指導員通常也會幫學生衡量其所面對的學業問題。

諮商中心（counseling center）：除了學業指導與學生宿舍指導員外，多數學院及大學還設有諮商中心。此項學生服務提供深度的生涯規劃輔導、對有情緒問題的學生進行短期治療、並對遭遇嚴重生活危機與情緒困擾的學生進行危機干預諮商。多數諮商中心皆贊助各類支援團體，舉辦個人成長與發展等方面的研討會，及協助學生擴展能力以面對成人生活的挑戰。

學生健康中心（student health center）：學生健康中心提供基本的健康服務。通常只需付少額費用或購買學生保險，即可獲得學生健康中心之服務。學生健康中心可以配藥、診斷多種疾病，以及處理需要更特定治療的學生。許多學生健康中心還有體檢、疾病預防及與健康相關之教育計畫。

身心障礙者服務（disability services）：許多學院及大學都設有
協助殘障學生的辦公室，其成員訓練有素，能評量包括學習障礙在內
之各種殘障狀況、協助學生克服校園內之環境障礙，並提供與就學相
關之適當協助。上大學後爲因應其中不同於既往之學習上障礙，多數
學生之原定學習策略皆需加以修正。

少數民族學生事務（minority affairs）：多數校園都有一個或數
個專門協助少數民族學生的辦公室。少數民族學生包括：非裔、亞
裔、原住民以及西班牙裔美國人。某些地區亦視阿帕拉契區
（Appalachian）的學生爲少數族群。協助方案廣及豐富民族文化、學
術支援、發展領導能力、生涯規劃、社群組織、服務組織、財務援助
以及個人諮詢等等。

學生生活（student life）

學生會（student government）：學生會是校園內領導學生之代
表團體，係支持學生組織發展、代表學生在重要校園會議表達意見、
以及就影響學生之創見或校園問題提出看法的主要管道。

大學生聯誼會（greek system）：在學院或大學內之兄弟會或姊
妹會通常是以希臘字母命名，稱爲大學生聯誼會。各分會皆附屬於大
學，但獨立運作。多數（但並非是每一）兄弟會或姊妹會都有一全國
性的組織，訂定各分會應遵循之政策、規則與程序，以及地方分會的
責任。兄弟會與姊妹會需遵守校規；但是其會址、會員守則、費用以
及其他組織方面的規定，係由地方分會與全國性的組織所決定。並非
所有學院都有大學生聯誼會，各兄弟會或姊妹會也不見得在各大學校
園內都有其分會。

　　大學生聯誼會審議會（greek council）：這是由兄弟會與姊妹會代表所組成的政府性審議組織，會期固定，主要是訂定各校區聯誼會應遵守之政策，同時裁決各分會或分會成員之任何違規情況之懲處。大學生聯誼會通常受大學監督，也有些學院係以獨立之兄弟會與姊妹會審議會來執行上述事務。

　　迎新競賽（rush）：新成員經由此一程序加入兄弟或姊妹會。競賽日期由大學聯誼會及校方的行政單位共同決定。各校之迎新競賽程序不一，然而目的一致──即是吸收能和其他會員匹敵之新血。決定加入迎新競賽之學生通常會慎重簽名。在迎新系列活動中，大學聯誼會會讓潛在之成員認識其一般性性質，及其特定聚會所。新人通常得參加一定數量之兄弟會或姊妹會聚會，並在參加後要求會方簽名，以示已遵守此一約定，並因而得以認識一些成員，且經由往訪過一些聚會所而知其所在。迎新聚會之社交功能即在讓新人瞭解特定團體之交往情形。迎新期結束後，各聚會所會對其感興趣之潛在成員發出入會邀請，有些人也許獲得多方邀約，也有些人絲毫不獲青睞。發出邀請函後，新人得在特定時間內表明其意願。多數兄弟會或姊妹會會指派學長或學姐來指引新成員。

　　預備會員（pledge）：接受邀約成為校內某一會所之成員後，該新生即成為一預備會員。某一學年加入會內之成員有其入會級別。會長（pledgemaster）負責監督預備會員諸如：工作隊、學習分會與總會史、以及參與秘密儀式等的活動。各校之入會程序不同，整體而言，行之有年對新生之過度戲弄已明令禁止，不過在預備入會期間，會方仍期望新會員對組織表現出某種程度的支持，同時會要求預備會員佩戴會員別針，或是其他足以表徵其入會身份之象徵物。預備入會期旨在強化潛在成員對會所的忠誠度。會期過後即完全獲准加入兄弟

會或姊妹會。以往，此一儀式是各分會在撒旦夜（Hell Night）結束對新人之特殊試煉後舉行。現在此一程序則是莊嚴勝於恐嚇意味。

通勤學生（commuter student）：許多學院都只有少量甚至毫無住宿設施，幾乎所有學生都是通勤上學。對確實有住宿設備的學院而言，開車或搭公共運輸設施到校的學生，是爲通勤的學生。通勤生列爲考量重點的項目包括：校方之停車場地及收費，學習與交誼空間，以及在下午、傍晚與週末時段使用教室之方便性。

非傳統性學生（nontraditional student）：凡是入大學時年紀大於一般之18至22歲，已生養孩子，曾在職場經年再開始上大學，老兵，或者是爲職場規劃而又回到學校就學者，都屬非傳統性學生。某些學院或大學有專爲非傳統性學生而設之單位，訓練有素之指導員會幫這類學生就職場目標作規劃，或是幫需要協助的學生協調其工作、家庭與課業上的要務。

1

親子關係的變遷

我們是在年近三十時開始在學院中任教。當時我們的大孩子才兩歲，我們剛完成一本有關人類發展的書，腦子裡還滿是研究文獻（research literature）上的種種發現。而回顧過去，我們意識到自己的生活體驗並不足以充實諸種隔閡（gaps）。在一堂晚間的人類發展課上，學生多爲五、六十歲的中年人，授課主題爲如何退出親職角色，我們指出其與自職場退休之相似性，強調如何將能量轉向新角色的重要性，並敘述孩子離家時婚姻關係上的改變。

課堂上，一位看似和善的男子始終保持微笑，像是我們眞的給他留下深刻的印象。講授結束時，他舉手發言：「你知道嗎？就我所知，我們是永遠不會從親職角色中退下來的。只要我還有一口氣在，孩子永遠是我生命中的一部分，也始終讓我繫懷。」他說得沒錯。

他的一席話讓我們思潮翻湧，憶起自己在大學時期與父母的關係。當時，我們都渴望家書，以及巧克力與餅乾等的愛心包裹；也擔心自己決定從東部名校轉至較大的中西部大學，是否會讓父母失望；考慮是否攻讀博士學位時，亦曾渴望獲得父母的支持。父母在我們心中的地位極其重要。即使意見分歧，他們的看法仍清楚迴旋在我們的腦際。我們的決定亦深受父母意見與反應的影響。

現在我們已經逐漸瞭解父母送孩子上大學的艱辛。父母都希望鼓勵孩子去建構一個充滿新機會的未來；知道孩子必須學習獨立判斷與作決定；希望無需父母的持續保護與指導，孩子便能做得很好。然而大學是充滿未知的大環境，也許並沒有朋友或親戚能爲你照料就讀大學中的孩子；同時孩子也會接觸到許多規範外的概念與社會行爲。學校或許很遠，遠到無法每週去探視；即使不遠，孩子或許也會忙得沒有太多時間陪你。

一旦孩子離家上大學，那種他們在家時的親密感與家人團聚感便今非昔比。這是一個無法逆轉的轉折點。你曾經為此而預作規劃、談論並先行存錢。如果孩子能考上大學，你會為他（她）的能力以及自己負擔得起而感到自豪。同時，卻又得在不得不鼓勵摯愛的人勇往直前，以及時常繫念的複雜心境中過日子。你必須開始克制負面的情緒，並面對此段生命期中所呈現的機會。

如果你想持續協助孩子，並讓自己的心靈層面積極成長，自然會想瞭解自己以及孩子在生命中此一時期的種種。而第一步，便是應瞭解在爾後幾年中親子關係所可能產生的變化。

 ## 從互相尊重中學習自主

孩子還小時，父母主要的三項基本功能是：1）維護孩子的健康與安全；2）以食物、愛、支持與鼓勵等滋養孩子，使其體驗生命的喜悅並汲取力量泉源；3）以正確的價值觀教導孩子合宜的行止，以協助其社會化。我們係經由自己的行為，以及所服膺的紀律和看法，幫孩子適應我們所理解的社會，也是以自己對所謂成熟及良好社區成員的理解，傳授孩子一套價值觀及信念。

父母所面臨的一項艱鉅挑戰是，既要提供孩子心之所繫的根，又不能阻止其展翅高飛。家中需凝聚親密、安全與信任感；同時，父母又必須儘可能協助孩子離開家，像成人一般獨自在新的環境中生活。

父母以各種方式接受這些似乎是矛盾的目標，以建立家中的親

密感與培育孩子的獨立意識。養育孩子的藝術，在於父母能完美平衡此類目標，使孩子在家中有受重視及安全的感覺，同時勇於向世界伸出觸角，渴望面對生命中的挑戰與機會。

隨著孩子的成長，父母所給予的保護減少而憂慮增多。家有大學生的父母，往往視此一階段為孩子與自己最艱困的時期。多數父母都意識到，要讓孩子獨立，必須先讓其有權作決定。而伴隨自主權而來的，是須對錯誤負責。多數成人，尤其是父母，對犯錯都覺得不自在，因為我們已經學會「對」的重要性。不論是在工作、家庭或社區互動上，成人都沒有太多犯錯或失誤的餘裕。大家都認為其他人應做出正確的選擇。

但是大學生對如何作出重要的人生決策還是生手。他們無從預期其所作抉擇所產生的某些後果。比起往後的人生階段，為學習獨立，大學階段的孩子相較之下會因學習而犯較多錯誤。凡是要學習一新的角色，所犯錯誤必然較多。唯有經由作決定以及經常犯錯，能使他們從而為其所作決定全權負責。年輕人必須經由偶爾的失敗，去學習成人費時經年所學到的經驗。

遺憾的是，大學階段的孩子在判斷及抉擇上所犯的錯誤，有時會在財務、健康與福祉上付出昂貴代價。多數大學生的父母都須經歷的重大掙扎是，既要給予孩子學習及探索的空間，又得避免其犯嚴重錯誤。我們不瞭解孩子在學校的狀況，與孩子的溝通機會也有限，因而不免猶豫如何使其免於犯錯，又須將其能作出良好決定的信念傳達給他們。

面對此一兩難狀態，可行的方法之一是檢視其在力圖獨立時之過程。多數年輕人係以行為來展示其獨立性。他們會以其對衣服或髮

型的喜好，個人之音樂品味，或是使用不同於親輩的俚語，以示其與父母的不同。家中的爭執點通常是行為性的，諸如：太晚回家，電話講太久，花太多錢，或是很少把時間花在功課上等等。

儘管這類爭執會帶來不快，並不會真正造成親子間的嫌隙。多數常起這類衝突的孩子仍然尊敬其家庭價值與規範。他們是經由自己所作的一次次決定，以及主張自己的需求、想望、品味與偏好等，試著給自己樹立較大權力。

高中是判斷孩子能否作獨立決定，或是否能理性面對困境的關鍵期。你清楚知道孩子所作的哪種決定是錯的或是你不贊同的，也知道其犯錯的頻率。在確信孩子能作良好判斷，且其決定是足以使你自豪的範圍內，你應樂觀看待其大學生涯。

自主性的建立在大學時期邁入幾個新的方向。除行為領域的擴張，年輕人亦在某種程度上要求其父母給予其情緒及價值上的自主。大學生願意體驗其父母所反對的事物，以尋求其情緒上之自主。年輕人會說：「我知道我父母不會贊同，不過我認為他們是錯的，所以無論如何我都要作。」年輕人以其一己的判斷去增進信心。他們相信，不論正確與否，他們都有能力去評估某一狀況，並且獲致與其父母不同之結論。年輕人寧以不同意見，探測其在情緒自主上的極限。

價值自主之要求晚於情緒自主。多數年輕人約在十八歲至二十幾歲，開展其評估、擴展、更正以及表達基本價值和標準的過程。大學中諸如：哲學、倫理學、心理學和社會學等系統化分析價值的課程，亦會刺激價值觀的開展。價值探索本來就是發展認同意識之心理過程。

　　年輕人開始對生活目標作承諾，而該目標可能與其父母所信守者大相逕庭。許多父母沒上過大學，但是不想讓其子女錯失這種機會。只是父母或許不曾預期，大學教育所作的不只是開啓求職之門，還會影響到孩子的世界觀。勞工聯盟支持者的孩子也許希望成爲經理或企業家。商人的孩子渴望作社會服務。和平主義者的孩子決定去從軍。教師子女或許想成爲企業總裁。父母對家庭、生涯與社區的承諾所形構成的模式，未必是孩子想要的選擇。

　　這些爲求獨立之重要而嶄新的過程，對大學生或其父母皆非順理成章的事。許多大學生都沒有作好完全獨立的準備，在財務上仍仰賴其父母的支持。他們仍然希望，家庭是孕育、滋養其成長的安全基礎，冀求從中獲得歸屬感。但是他們同時也迫切想要獨立，渴望內建出能作決策及引導自己行爲的準則。一名年輕女孩如是說：

> 經由朋友的些許幫助，我開始開展自己的生活。離開母親並不是件容易的事，有時候，我幾乎渴望那種親密的兩人關係…我並不想和她對立，也希望這種隔閡不是永久性的。一旦我能獨立自主，獨立的藩籬便已足夠，我不會再刻意製造人爲藩籬。
> （Goethals and Klos, 1986, pp. 40-41）

　　父母親固然爲孩子的自主而自豪，但是，偶爾也會因孩子的冷淡或情感上的疏離而有被拒絕的痛苦。有些父母會視孩子之情緒及價值自主爲挑戰、背叛或忘恩負義。有些父母的確懷念孩子還小的時候那種親近與親密的感覺。這種反應是自然的。你的成人生活中，有很長時間都用在保護和養育孩子上。你的情緒反應，意味著此種關係上的改變，同時使得你能開始去思考自己的未來和目標。自主性是雙向的。孩子獨立時，你也更爲自主。

　　考量你與孩子有所交集而不同的未來時，你同時可以開始衡量

這對你自己的自主性是多重要的一步。你在二十幾歲時所做的選擇和承諾，導引你走向往後的成人期。當時你是以對過去與當前的認知，以及對未來的期待做最佳的選擇。對於爾後的人生，你仍然能有所抉擇與允諾。

孩子的允諾，係以其將邁入廿一世紀之成年期為基礎，因而必須因應其中的差異而有所調整。養育子女的要務之一，即是培育其有在不同於你所生活之世代中存活的能力。因此，能夠瞭解及支持其探索新的目標，反而是比較容易的事。

確信孩子能開創有意義的生活時，你也可以開始去探索自己的未來，把得以少花在迎合孩子需求的力氣和資源，用在你所一向疏忽或未曾發掘的才能或目標上。既然孩子不再對你有日常性的保護、導引或照顧需求，你不妨尋求自己的刺激及方向。人口有高齡化現象，你不妨據以重新評估自己的生活目標及新的方向。

孩子上大學時，多數父母是在其中年期（約為三十四至六十歲間）。成人生活期的要務是營建婚姻關係、管理家計、親職以及生涯規劃（Newman and Newman, 1991）。孩子上大學後在親職上所需的時間減少，夫妻間於是可以再探索婚姻關係中的樂趣以及呼應彼此的需求；發掘出自己才能與興趣的其他面向；而使得彼此間的關係更有興味。傍晚時聆聽喜愛的唱片、點兩人份的披薩、或是靜享相處的時刻，都會漸漸使養育孩子的能量轉向滋養婚姻生活。

有些人也許在孩子離家上大學時已經離婚或喪偶，或者是當第一個孩子上大學時，家中仍有其他較小的孩子，因而家中環境並無多大改變。不過，中年時對嶄新而更深層親密關係的渴求，仍可以多種方式達成。比方說，營建新的人際關係，或是以更開放的心態去對待

老朋友，並將內心的關懷融入夫妻關係，促進與同事間的和諧氣氛，以及與手足或其他家庭成員變得更為親密等等。

除了增進親密關係，成人也會發現其對家庭和生活型式的關切與心力有了新的重心。如果家中仍有較小的孩子，父母會發現與較大孩子的相處經驗有助於改善及營造不同且更簡易的家居生活。像是和較小孩子相處的時間增多；家中的空間似乎變大；而且日常的家務量諸如：該洗的衣服、碗盤、三餐量、電話或留言、需協調的學校事務以及手足間的爭吵打鬧等等都減少了。生活不會因而如入仙境，不過起碼有多一點的時間關照家庭生活——是否要在庭院中增植花草，重新規劃地下室，或是在客房闢一小塊工作空間。經濟上，因為仍須支付孩子上大學的費用，或許不會隨即有太大餘裕；但是在時間、空間與精力上的確會輕鬆許多。

如果一個孩子在大學，而其他孩子在高中階段，時間尤其顯得較能由你控制。此一改變意味著你得以新的視野審視你的工作領域，參與新的社區活動，或是扮演其他新的領導性角色。為支付孩子上大學所需的費用，可能導致生涯規劃中的另類投資，而必須兼職、提供諮商或是進行其他可在家中進行的工作。其中最可能的一種要項即是訓練和督導新進的年輕人，將原本用於撫育子女的精力，轉為教化年輕一輩，成為新入職場者得以成長的持久性動力。

大學生力圖發展個人認同意識，是第二章將深入探討的概念。相對地，中年人則會為提昇下一代的生活品質，而開展出普遍性的認同。每一社會都須靠中年人的部分精力和資源，以改善下一代的狀況。如果每個人在中年期用盡土地資源，未能將文化傳承，或是耽溺於一己的享樂及權欲而不顧及後代福祉，整體而言，該社會並無法存續。中年期的掙扎即在能否超越「自我」以擴展出共通厲害意識。

　　成人對未來的影響，可從孩子身上具體地看出端倪。至於得以產生新產物、新的想法或是新社區意識的活動，則提供了其他佐證。成人想要有所爲的意願，可以藉改善工作品質，提高他人的能力，或是將職場上能提供的服務擴及於有所需求的人等方式來達成。人們可以將注意力轉移到全球性的關懷、政治議題、環境保護、解除核武、世界賑災或是世界和平方面，從多方面表現其能力。其重點在於超越其一己或家庭成員之所求，而能對未來有所貢獻。在此一過程中，要項之一即是不讓孩子受限於我們所未曾實現的夢想或世界觀，自行開拓自己的未來。

自主與親密的矛盾

　　身爲父母的挑戰之一，即是能否幫孩子建立自主性，而又能信任其判斷能力。此一過程可經由逐漸減少主動提出忠告與意見，鼓勵孩子提出自己的意見且在必要時才尋求你的意見等方式，讓孩子在做選擇或計畫時，能以理性及解決問題的技巧增進其能力，並鼓勵其運用各種資源來作出決定。與孩子討論不同方式所可能產生的差異後果，幫其權衡作決定時須考慮的各個面向。

　　在適當的時候，讓孩子參與家庭決策。方法是，讓孩子瞭解家中所面臨的重要決定，你的思慮過程，並要求他們提出建議。孩子在家的時候，讓他們瞭解你的關懷，並且要求他們共同決定可遵循的家規，而非只是堅持嚴格的要求。

　　當父母的教化功能減少，並使得孩子能理性地與你共作決定時，碰上問題時便能有人共出主意，與孩子也更容易溝通。會主動參

與家庭決定的年輕人，對自己的意見與理念較有自信，於是更勇於與父母意見相左，以及敢公開表達自己的看法，並且會更願意與父母共同嘗試某些想法。此種開放心態會使父母更加瞭解孩子，並在碰上難題時獲得孩子的奧援。

情緒自主性增強後，孩子對分離會更有信心，而減少親密性互動的需求。當大學生覺得無需躲避父母的非難時，便能更公開地表達與父母相左的意見。在此情況下，父母可以更瞭解孩子考慮事情時的其他面向。理解過程中，父母必須儘量抱持開放的心態及幽默感。一旦瞭解孩子作決定的思考模式，你對自己會更有信心。

值得玩味的是，孩子一旦達到某種自在程度的自主性，與父母反而會建立一種新的親密感。在與孩子的意見拉鋸戰中，你會發現你不但已更加瞭解孩子，他們也對你有了新的認識。每當討論而證實你是講理且肯接受不同意見的人，孩子會對你的敬意加深。經由多方肯定而更加獨立的大學生，對父母會更爲感佩。而一旦孩子不需要再經由父母或自己來表徵自己的獨立性時，通常會對父母湧生新的親密意識。

在某堂大學課上，我們要求學生（多數是大三和大四的學生）描述從中學到現在與父母的關係有何改變。許多學生表示在大學時期與父母變得更爲親密。以下是一些學生的回答：

我以前叛逆性強，渴求獨立。上了大學以後，我和父母都變得比較成熟。

整體而言，上大學使我們的關係變好。由於我似乎是長大了，

而使得我們更為親近。（縱使我有時候實在表現得差強人意）
他們仍然以我為榮。

上大學有助我改善與父母的關係。現在我比較能以更客觀的眼
光來解讀父母，視其為常人，而非全能的神。

上大學已改善了我與父母的關係。爸媽不再視我為家中的小嬌
女，而是有能力且肯負責任的人。

　　有些學生仍會與父母爭執，有些則依然冷漠。他們覺得來自父
母的壓力太大，父母不尊重其判斷，不接受其對獨立自主的需求，或
是對其需求與問題不聞不問。類似的看法諸如：

我們的關係有了巨大改變。他們意識到我已是獨立個體，不再
受其左右。上大學以後，我一向展現真實自我。有時父母會覺
得我很叛逆。我們常有意見相左的時候，而且也常不會正眼相
待（We don't always see eye to eye）。

上大學後我和父母反而變得疏遠，因為他們無法確切掌握我目
前的生活狀態。

爸媽不瞭解為什麼我奇裝異服，也期望我回家時少作怪。我們
一家人向來親密。我和他們仍是往來頻繁，只不過我有些想法
變了，不再為他們而是為自己而活。這個事實讓他們很不好
受。

　　從以上的例子看得出大學生並非不關心其父母的意見或觀點。
只不過，對自主性的需求已勝於對父母的認同。

　　每個人從青少年到成人期都在致力於自親子關係中求得自主性。自主並非叛逆、異化、經濟上獨立或是個體間的分離，而是父母與子女接受彼此之獨立個體性的一種心理狀態。建立自主性的年輕人及其父母，在大學時期能夠瞭解彼此間的異同，而不爲對方之目標或期望所完全吸納或支配。自主的大學生不會依父母的期望去作生涯規劃。相對地，自主的父母也不再受限於孩子的期望而持續相同的工作，住在老地方，或是維持虛有其表的婚姻。

　　自主性並不保證父母與年長孩子間會有較和諧而凝聚力強的生活。成年以後，你對如何教養自己處於青春期的子女等諸多議題，都可能與自己的父母有不同的意見。不過，也有人反而會比在大學時期更依賴父母，尤其是那些仰賴父母來照顧自己子女，或是正處於如重病、離婚或失業等生活危機期的人，通常會在情緒及經濟上尋求父母的支援。

　　不過，你所曾經努力與父母，以及希望以後與自己成長中子女間達成的關係，仍是相互間的尊重。你希望對孩子的建議、判斷與作決定的技巧建立起信心並以其爲榮，也希望孩子對你自己在這些方面的特質有更落實的想法。此一相互尊重的礎石，會讓孩子勇於追求未來，並在需要時尋求你的協助。同時，也讓你能追求自己的未來，並在需要時尋求其建議。孕育孩子的自主性，讓你獲得的另一種力量泉源是——從尊敬與關心你的人那兒，獲得忠告與鼓勵。

建議讀物

Bloom, M. V. (1980). *Adolescent parental separation*. New York: Gardner Press.

Bowlby, J. (1988). *A secure base: parent-child attachment and healthy human development*. New York: Basic Books.

Coburn, K. L. and Treeger, M. L. (1988). *Letting go: A parents' guide to today's college experience*. Bethesda, MD: Adler and Adler.

Shields, C. J. (1988). *The college guide for parents* (rev. ed.) New York: College Entrance Examination Board.

2

認同的形成

年輕人在大學時期會努力建立個人認同，此時其對內在本質（essential character）的探索，心態上一如五、六歲大的孩子對生與死的困惑。他們會自問，我是誰？我的存在意義是什麼？生活目標又是什麼？

年輕人在定義自我時，不但需要衡量過去與他人所建立的關係，也要思索未來希望以何種方向形成新的關係。個人認同需先行瞭解一己的特質，以及如何適應周遭的社會環境，而後能夠把個人的特質與目標，融入家庭、朋友、社區和文化等各方面之預期與要求。建立個人認同的歷程，如同一個個的下錨點，讓年輕人能一次次地體驗其個人與社會關係之連續性。

Erik Erikson（1959）描述如何達致個人之認同：

年輕人必須學著真誠對待自己，並以真實自我對待他人──而這裡所謂的他人，無疑地是指那些也坦誠待他的人。由於「認同」一詞指涉著此種相互性關係，因而不但隱含個人內在恆久之相似性（自我相似性），亦指涉個人恆與他人共享某些基本特質。

年輕人之個人認同會經由只選擇特定角色，以及只認定特定價值與目標等而逐漸成形。透過自我意識、個人反省，年輕人會漸漸認知到自己的興趣、需求及價值，同時也能認知社會的期望，以及文化上對成熟之定義。為完成個人的認同，需將個人之興趣、才能和目標，與社會所認可之角色和價值相整合。

多數大學生都會盡力釐清其個人目標與所作承諾。他們會試著將過去的承諾與目前的成就相結合，以瞭解自己所擅長及關心的是什

麼。為形成認同感，個人須願意花時間去反省、探索及忍受自我尚未成形前之不確定期。個人認同如同人生索引，係生涯選擇、婚姻、信仰，以及道德與政治價值等重要人生決定的指引。

個人認同並不是在大學期間便已定型的架構。從十八到廿二歲的成人期，充滿著未曾經驗的事件與無法預期的機會。成人後所將擔任之角色，例如，婚姻伴侶、父母、同事的上司、社區領袖等，皆需以之前從未體認到的才幹與能力來應對。而諸如疾病、離婚或是心愛的人死亡等生活中所遇到的危機，也會限制選擇並挑戰個人之價值觀。人們在成年期初期所達致的目標，可能會使其對既有的承諾產生不同的看法，而拓展其新的視野。認同在成年期所開展出的經驗，會使其回顧、修正及擴展其知識。

不論如何，大學生在面對大學生活之多樣性及需求時，其初步之自我認同便會浮現出來，描繪出其自我在未來之視野，導引其對生涯、婚姻、宗教、倫理及社區參與等作出初步決定，並藉以持續實現其夢想。

 ## 認同發展中過去所扮演的角色

個人認同是建立在過去、現在與未來之因素上。對既往，人們係與他人共同檢視其重要之認同。孩子小時候通常會尊敬其父母、兄姊、重要的親戚、老師、以及宗教和社區的領導人物，因而會努力將那些人的價值觀融入自己的行為，以提昇自我概念（self-concepts），這就是認同。

孩子小時候總認爲父母是世界上最重要、最有權力以及最完美的人。多數孩子認爲其父母是理想的典型，爲了成爲類似的理想人物，孩子會模仿父母的行爲，重複父母的敘述，並視父母的價值爲良好的典範。

孩子亦會經由認同而採取父母的特質以獲得安全感。即使是和父母分離，仍會覺得擁有父母之珍貴特質。孩子係以認同來導引自己的行爲和建立信心。

等孩子進入青少年期，父母不可動搖的地位開始受到質疑。甚至可能成爲輕蔑的對象。青少年會回顧其過去的認同意識，並重新估價心中的英雄形象。他們開始去釐清自己對生命中所曾看重的人，究竟是何感覺，並且意識到自己和心中的偶像其實大相逕庭。此一過程可以讓青少年達到情感上的獨立。而唯有情感上的獨立，以及發現自我之理念及幸福感，從而可能發展出強烈而正面的自我意識。大學生會經由其所開展的重要關係，及其所欽佩之人的特質作篩選，當其價值和目標變得較爲明確，則會對心中早期所景仰的人物是否抱持持續之觀感再行過濾。

一位大學生或許會因爲她父親在社區中所扮演的重要角色，以及所奉獻給教堂的時間而敬仰他。同時，也可能覺得他並非成功的商人，而希望他更有競爭力。此時她心中的父親圖像，遠比其孩提時期所描繪的複雜。她會在個人認同中匯入其所珍視之父親特質並就其視爲父親弱點之某些特質進行批判。

形成個人認同需同時檢視家庭史與孩提時期之認同。每個家庭有其反映祖先、信仰、種族、源起、以及先人榮枯之特定傳說的家族史，以諸如相簿、紀念日、上墳、家庭成員的軼事、宗教信仰、烹調

風格，以及使用語言的特殊方式等種種形式，代代相傳。

多數大學生都喜歡更深入瞭解其家族史，而會對家族的過去提出新問題。甚至於，兒子或女兒想要理解的範圍已超過你所知的限度。他們可能對家族傳統重燃起興趣，對家中信仰有了新的看法，或是想要實踐已然遺忘或忽略之信諾。

大學生在校園環境中所發現的新資源有助其追尋個人史的解答。比方說，猶太籍學生得選修意第緒語（Yiddish）課程以尋根。黑人學生則可修美非文學或非洲文化課程，以習得更多文化傳統。有法籍血統的學生不妨遊學法國拜訪其家族成員所曾住過的地區。大學是提昇和探索關於傳統、神話、貢獻、種族奮鬥史、信仰以及文化等問題的理想場所。

運用大學的資源，學生能盡力搜尋歷史、信仰及文化上的片斷訊息，組合出其家族史的更完整面貌。多數教職員都能理解學生想瞭解過去的強烈需求，於是盡可能順其意願，以文化探索為題讓學生經由寫報告而有更深入的發現。

舉例來說，有堂人類發展課的主要作業，是要學生訪談任一家庭之三代成員。多數學生選擇訪問自己的家族。他們描述受訪者所遭遇過的特定挑戰，以及任何得以跨越三代的連續性主題。學生發現，由於瞭解某些價值觀是如何從祖父母或曾祖父母傳承而來，他們因而更瞭解自己的價值觀和目標。

目前在認同發展上所扮演的角色

　　目前與過去對形成個人認同所提供的訊息與理念，具有同等重要地位。學生在現階段所獲得之最重要訊息即是其才幹、興趣、需求及價值。人各有所長，所以對家庭、社區與國家的貢獻便不盡相同。分析技巧、創造力、社交能力、發明與創造力、科技專長，以及運動才能和表現藝術等等，都是個人對社群生活能有所貢獻的方式。

　　大學是年輕人表露才能與興趣的時期，既可精煉其在高中時期所具有的技巧與知識，亦可探索從未學習過的主題。大學的學習範疇廣泛，其中許多都不在高中課程之列。即使是數學、歷史或外語等高中也可修習的課程，到了大學階段由於特殊主題上層次的提昇，也會使學生拓展視野，引導其思考與解決問題的新方向。在此一脈絡中，年輕人能開始釐清其擅長、喜好，以及意欲發展的才能與技巧。

　　學院及大學的教師及行政人員瞭解學生迫切需要發掘其才能及建立對其能力的信心。他們也瞭解此一過程需要對不同的思考方式進行實驗和探索。此所以大學部的課程涵蓋了所有學科與各類觀點。不論學生打算專攻任何領域，多數學院都要求學生需廣泛修習如社會科學、自然科學、數學、文學、人文科學以及藝術等基本範疇。此一機制如能發揮其完全效益，會是培育個人成長的極大助力。學生可以因而學會在不同領域上發掘與解決問題的不同風格，並習得不同領域中的人對社會所作貢獻，同時也有機會試著以不同的觀點去解決問題。

　　透過此一過程，學生釐清其才能與興趣，並界定出一己之特長，因而強化其追求在高中時即已發掘之才能的信念。他們甚至會發現其興趣與其之前所神往之特定領域間更為契合。許多人都是在大學

時期才發現以前所未曾意識或重視的才能與興趣。這種美好的洞見可以讓人自豪地去面對未來的信諾。

Kathy是我兒子Sam的高中同學。上大學後她打算主修生物學，想成為微生物學家。Kathy的父親在中學教科學，她的科學課程成績非常出色。大學時她參加資優生方案，而且開始修許多人文科學課程，尤其對歷史與心理學感興趣。頭兩年，她始終掙扎於科學、心理學、哲學與歷史學間，並繼續修資優生歷史專題。其中一位教授對她鼓勵有加，並邀請她參與一項特殊之軍事史研究。唸完大三她選定歷史，並且很滿意自己所作的新決定，對其研究亦注入更高的熱忱。目前她考慮唸歷史研究所，認為自己在歷史方面所作努力有價值且令人振奮，而且開始意識到自己有能力對這個領域作出具有原創性的貢獻。

自我定義（self-definition）的重要一步見於年輕人對自己的才能與興趣具有信心，因而堅信能持續作出有價值的貢獻。孩子能否有成就，父母的理解與鼓勵是重要推手。身為父母，你比任何人更瞭解孩子的能力，因為你經歷過孩子在學業、與人互動及課外的挑戰上的成敗過程。

同時，你認識其他成人，知道他們如何運用才能以達到其生活目標。孩子一路走來，你能提供支持與鼓勵；對於婚姻、工作及親職上之實際需求，你也能提出自己的看法。你知道要成功地平衡各種重要的生活角色，需要何種資源與才能。

父母都希望孩子能發掘出自己的才能與興趣，並據以發展其未來的生涯。而此一探索期或快或慢，孩子需先對自己有深刻的瞭解，並廣泛地伸出觸角。身為父母，你可以在孩子猶豫與沮喪時給予信

心，讓他們知道，有些問題的確需要相當時間去解決。你可以指出孩子在小時候所曾表露出的才能與技巧，鼓勵其進一步發展；並鼓舞孩子在面臨新的挑戰時，盡力發掘新的潛能。

學院提供的，通常是更多樣性的個人接觸與多采多姿的課程。從高中到學院，學生得以接觸本州、他州甚至其他國家的學生。許多學院及大學匯集了多種民族、國家以及不同生活背景的學生，適足以反映國家組成份子的多樣性。這類機構相信此一多樣性可以更豐富學生之社群生活，並孕育就社交與智力而言都更具刺激性的環境。學生因而能夠體會在不同群體間之個人信仰、態度與生活目標的相似與相異性；以及體會不同之風俗與價值觀；並經由與其他學生談論生活體驗與對未來的展望，勾勒出足以反映及評估自己態度與信念的架構。

不容諱言，有些學院會因旨在招收特定族群，使得學生因具有共同的宗教信仰、哲學取向與生活目標，而變得同質性極強，因此所產生的環境，自然只是重於提供進一步之受教育機會，而非挑戰學生的世界觀。不論如何，所有學院仍足以提昇學生之獨立思考能力，促使學生再行檢視其早期的看法。

 ## 未來的視野與認同的發展

個人認同的第三個組成要素是釐清對未來的看法。在這一層面上，只是瞭解過去或目前的能力並不夠。有意義的個人認同，足以導引你未來的生活取向。

誠如一位學生說的：「我希望成為一個被自己和他人所尊重和

接受的人。對這個世界，我希望能有所貢獻、產生影響，甚至加以改變。」

形成個人認同包括得學習信諾。信諾是指引我們內在能量、資源、特定價值觀、目標以及人際關係的某種保證或誓約，必須對未來具有信心才能獲致成功。意欲作承諾時，個人會長期執著於某件事或某種關係。一旦作了承諾，想要達成目標或建立關係的心理需求，會促使個人努力以赴，及承受其間的挫敗或艱辛，再苦也會撐下去。

多數成人對其工作角色、家庭角色、信仰、政治意識及親密關係都秉持其信念。這些信念反應出個人之生命意義的優先性。

成人能夠坦然面對個人認同所引發及解決之相關議題的複雜面向，且已習慣依個人認同去作關鍵性的生活抉擇及處理生活中的挑戰。年輕人則須將幼時所珍視之認同與過去的點點滴滴，組合成對目前才能與技巧的認知，而後能對未來作出承諾。這種創造性的錯綜複雜湊成一種完整性，使其勇於邁向未來。

成人從經驗得知信心與整體意識並不是那麼牢不可破。個人認同形成後，仍須修正、調整與擴展。然而個人認同的最初一步——亦即是將價值整合成一有意義的個體，該個體有其特定價值觀，該價值觀能澤及他人，且該個人能努力追求其目標——的確是項令人振奮的成就。

角色探索

　　年輕人要先探索過多種角色，才能具有整合能力。他們會樂於探索對未來而言相當吸引人的角色。大學時期的角色試驗類似於幼兒在學步期與學齡前所玩的幻想遊戲。幼兒常將自己假想成消防員、護士、母親或太空人，以其能理解及控制的層次，去體會成人的世界。他們將觀察所得，以遊戲方式組合成具有意義的整體。遊戲不是為了擬真。穿著消防員裝備像消防車般在房間裏到處尖叫穿梭的小男孩，並不真正認為自己是消防員或消防車。他只是在玩而已。

　　大學生在探索和試驗角色時，從某些方面來說也是採取相同的態度。他們可能在暑假打各種零工、一再變更其主修科目、上不同教堂、與不同的人約會、嘗試奇裝異服，或是為不同政黨的候選人助選。他們會經歷憤而拒絕你的想法與意見時期，然後又回頭來要求你的忠告，請你幫忙作決定。幼兒通常會告訴你他只是在玩，大學生則會認真扮演各種角色。所有這類行為所傳達的訊息是，他們正在探索不同的角色。

　　年輕人必須嘗試不同的角色、想法與行為來確定自己的方向。許多學生是經由長時間沉思來理解自己，以及反映出其個人特質。學生需要儘可能地探索自己，才能在尋求個人認同時解決問題。有時候，父母會因子女在角色探索過程中，似乎已揚棄了傳統的家庭價值而憂心忡忡。但是，孩子談到想改變信仰、單身，或是選擇低下的工作時，家中的反對聲浪越強，孩子越可能為了顯示自己的獨立性而僵持不下。

　　即使不容易作到，父母仍需經常警醒自己，孩子所作的許多事

情或其所一時抱持的理念,其實仍在試驗階段。孩子想知道你如何回應。你的立場越中立,孩子越能依自己的需求及價值觀作出正確決定,而非一意頑抗。經由此一過程,父母會獲得更多自由。你不再是訂立規則及時間表的人,而是經由共同解決難題,成為孩子精神上的伙伴。

 ## 探索與承諾

認同形成的兩項要素為:探索與承諾。首先,年輕人要能質疑與試驗,以嘗試新角色與新觀念去發現新的可能性,據以確定以往之認同是否仍令其覺得自在與真實。學生需要在其情緒、社交能力、才能、興趣、需求及價值觀各方面,儘可能加強其學習之範圍與深度。他們必須接觸持有不同價值觀的不同團體,就其過去、個人喜好及未來的視野,作出最合適的抉擇。他們也必須學習在表達個人價值時,如何就不同之選擇及決定,檢視各種複雜的情境。

質疑與試驗期間通常伴隨著焦慮不安。那種感覺就像是離開了停泊處,隨風逐流、無定處,沒有聚焦的自我圖像。年輕人處在未來之多重意象邊緣;沒有一道清晰且安穩的路徑。來自父母、同儕、教師及他人的壓力,迫使他們要作抉擇、選課程。文化上,我們的社會並不會長久容忍此一質疑與試驗狀態。

第二個組成要素就是做承諾。經過一段質疑與試驗期,年輕人必須選定一些目標。當然,不是所有事都能一氣呵成。選定主修科目、固定和某人約會、訂婚、加入政黨、積極參與宗教團體,或是投入某些社區服務,都可以是表達信諾的方式。個人認同的過程不但要

檢視各種可能性，還要能作出決定，努力達成目標。年輕人係經由作承諾向自己及他人宣示其個人意義，並表達：「我希望成為這樣的人。」

父母需審慎地不去認定孩子在大學時期所作的都是永久性的承諾。有時候，承諾的強度高，但是只維持了六個月。也有的承諾，一旦開始便終生以赴。在認同形成的早期階段，年輕人或其父母都無法確定某一承諾究竟是永久或暫時性的。因此，明智的父母對其所贊同的抉擇既不會過度熱心，對自己所反對的，也不會過度擔憂。重要的是，當孩子經歷過不確定與質疑期後，若能經由信諾而結束其猶豫徬徨，父母應對孩子此一正向的發展衷心喝采。

 ## 認同形成之不同取向

上大學的年輕人各有其之個人認同取向。基於上述之探索與承諾這兩種基本要素，可將其概分為四種層次：未經探索之承諾、積極探索與質疑而不作承諾、已有個人之認同，以及，無法達到個人之認同等。

多數青少年上大學時已有方向但未經探索，其價值與目標基本上是家庭和社區文化的產物，旨在符合他人之期望。他們並未經歷在大學時期必然會經歷之猶豫或試驗。因此，他們的承諾多半是基於過去之認同及家族史，而非對本身性格之真正瞭解。這類年輕人在經歷大學生活中所遇見之個體、理念與活動之多樣性後，往往會修正其承諾。

其中有些學生，很難適應其固有價值及信仰所面對之其他抉擇及多樣性。這類學生需要花上一段時間才能理解懷疑與困惑期之正確及正面意義。

許多年輕人上大學後，進入了積極探尋與質疑時期。他們不再受制於家庭與高中時期的日常性約束，而視大學這幾年為試驗與探索期。他們尚未做任何承諾，也不急著去作承諾。對這些青少年而言，大學便意味著得以嘗試不同的活動和角色，以及去實現自我的不同面貌。如何建立他人所認可的自我，或是發展出穩定的自我等來自成人世界的壓力，暫時並不迫切。一個年輕女孩上大學後，說其感到一種全新的解放，而她原有的生活中，根本很少讓女人有類似的抉擇機會：

上大學時，我沒有方向，甚至沒有自我。我主修英文，因為貪懶。我喜歡和動物在一起；在我的家族中（中產階級的藝術家類型），女人不是母親就是怪物。換句話說，只有兩種選擇——順從（成為妻子或母親）或不順從（搞成披頭族、藝術家或作家）。我從來沒有過所謂的「正常」生活風格——我們燒材取暖，吃麝香鼠、浣熊或貝類。我很難適應中產階級社會，因為對其習俗一無所知，對其日常用語也不過一知半解。我認識的人，從來沒有醫生或律師。這些選擇不是我日常生活的一部分。我們住在森林裏（大部分時間就耗在那裡）。沒有人有職業，也沒工作！（Bryn Mawr Alumni Bulletin, 1981, p. 3）

也有少數學生，在上大學時已對個人認同有相當多的體認。他們係基於生活環境，而先行經歷過質疑和試驗期，不再深深依賴過去的認同。他們有明確目標，且覺得自己是基於深度的自我瞭解而作許

多抉擇。比如說：在青少年時期曾經歷過父母離婚或重病等生活危機的學生，可能因而變得早熟。或者是，因故延後上大學或有工作或旅行經驗的學生，上大學前對個人認同也可能已了然於心。不論如何，多數人仍是在其上大學的四、五年間達到認同。

另有兩種類型的學生，無法在大學時期形成個人認同。一種是仍固守其童年時視野的人，他們只尊崇從父母、老師、宗教領袖、朋友、同儕及他人那兒所學來並接受的價值觀。在大學期間，這類人由於我執過強，無法再檢視任何新的價值觀，或對新融入之個人特質有所回應。在其成人生活中，他們深深以他人的期望來定義自己的目標和承諾。

另一類學生則是在各種選擇及可能性中迷失了自我，無法形塑出完整的自我形象。得以作承諾的可能性會帶來高度焦慮，越接近得作承諾的時刻，害怕失控或得放棄部分自我的恐懼，越會將其強行拉離抉擇點。

這類學生的徵兆之一，即是無法選定主修科目。他們會選擇某一主科，唸一、兩個學期，再選別的唸上兩學期，然後尋覓下一個目標。既然無法定下心來，也就無法在任一領域達到完成學位的要求。類似的困境會出現在其親密關係上。一旦過於親密，他們便會退縮，害怕因此失去部分自我。

無法達到個人認同的問題，會在大學即將畢業或畢業後的那段期間凸顯出來。在此之前，比方說，高中時期多數青少年仍處於探索階段，社會上對無力形成認同意識的高中生並不苛求。不過，一旦進入成人期，社會便發揮其影響力。大學期不會持續到地老天荒，即使繼續上研究所而延後進入就業市場，仍應選定專業領域、選擇親密伴

侶，及表明價值立場。仍然困惑而極端害怕承諾的學生，便無法向前
邁進以迎接成年生活的挑戰。

系上的教職員、輔導人員、舍監以及學業指導都知道有些年輕
人會對作承諾產生焦慮。多數大學也會提供諮商與諮詢服務，協助學
生解決與認同相關的問題。舍監和系上的職員由於經常與學生互動，
因而能夠分辨出一個人到底是處於玩性的探索時期，或是焦慮地想逃
避作任何慎重的承諾，他們會鼓勵學生尋求幫助。

不過，這些人究竟不會和你的孩子保持多年的互動。父母必須
自己看著點。如果孩子在大學時期仍然老想避重就輕，或是總是掙扎
著不願去作任何決定或承諾，或許即應要求孩子尋求專業協助。

 # 形成個人認同的重要性

年輕人如果能成功地形成個人認同，對生活的方向便能有一全
新掌握。其中，重要的是改變的過程，但非最後所下決定。截然不同
的方式，可能導向類似的選擇。能否形成個人認同，端賴個人是否願
意面對各種可能性，並以批判性的態度檢視其個人價值和目標。

舉例來說，某個年輕人也許上了大學決定要成為工程師。高中
時他數學很好。父母師長都鼓勵他大學時主修工程，上了大學，他也
果真選擇主修工程。他攻讀工程課程，所有時間都花在課業上，而且
獲得工程學位。一路走來，他很滿意於每一過程，父母師長也鼓勵有
加。朋友慫恿他去參加學生聯誼會或其他活動，他從來沒時間也不感
興趣。或許週末時他會玩玩，平常則都埋首書堆。

　　這個年輕人的承諾是未經任何試煉的。他從未探索其他選擇；從不質疑自己的決定是否符合個人氣質或才能；也從未認真檢討，其對未來生活型態或個人價值所作決定，究竟有何意義。

　　另一個年輕人上大學時並未決定主修什麼。頭一年，他廣修數學、科學及社會科學的許多課程，與指導教授、父母和朋友討論，並且閱讀許多與生涯規劃相關的書籍。大二時他歷經不少挫敗，也擔心不該沒有選定主修科目。雖然認真思考過商業、經濟及電腦等科系；但是沒有任何領域讓他想全心投入。

　　大二暑假，他申請作工程實驗室的研究助理，遇到一些學生和教授，也參與系上所辦的自備午餐（brown bag lunch）專題，發現自己深為工程師之研究與計畫所動。於是他選修一些工程課程，以及主修工程所需的進階科學課程。課程上他表現良好，也對該領域所強調之解決問題方式保持高度興趣。到了大三，他決定主修工程，完成應修學分後獲得工程學位。

　　從結果來看，這兩個年輕人達致了類似的目標。大學或學院對於一個未經探索而修完學分，或者是歷經探索與承諾才修得學分的學生，並不會授予不同學位。兩者間的截然分野在於，第二個學生是以明確的意識去試驗與質疑後，才獲致其決定。

　　此一過程之重要區別所造成的影響，要在多年後當他們得面對成人生活中的難題或棘手決定時，才會顯現出來。曾經體會過猶豫與質疑的那一個，體會成人生活之重要層面已有所學習。成年世界裏，抉擇通常不止一個，未來也有其多重可能性。成年時期的挑戰之一，是能否充分發揮自己才能，又能兼顧到興趣、價值和目標。大學選擇主修時如果經歷過焦慮和不安，在面對多變而未知的未來，而需作更

困難的決定時，心中會比較篤定。

在形成個人認同的過程中，每個人都會有暫時的迷惑或沮喪期。要把個人的許多經歷，整合成協調又清楚的自我意識，必須花相當多的時間和心力。在大學時期如果孩子有過全神貫注、孤立或沮喪的不同階段，不妨以平常心待之，當作那只是在湊成完整圖像前的拼圖階段。即使是成功整合出個人認同的人，有時也會對生命的意義感到絕望。多數年輕人在大學時期都有長足的進步。畢業後，他們更珍惜過去，對自己的能力更具信心，也更確信能夠對其職業、家庭與社區做出有意義的貢獻。

 建議讀物

Blos, P. (1962). *On adolescence: A psychoanalytic interpretation*. New York: The Free Press.

Erikson, E. H. (1950/1963). *Childhood and society*. New York: Norton.

_____. (1968). *Identity: youth and crisis*. New York: Norton.

_____. (1982). *The life cycle complete: A review*. New York: Norton.

Kroger, J. (1989). *Identity in adolescence: The balance between self and other*. London: Routledge.

Whitbourne, S. K. (1986). *The me I know: A study of adult identity*. New York: Springer-Verlag.

3 | 價值

價值與認同

　　釐清價值是認同形成（identity formation）的首要部分。要信守承諾，先得弄清楚自己想要的是什麼。大學時期，年輕人會檢視賦予生命意義的原則、理念與成就。他們希望有所成就，以確認自己的存在價值。而年輕人要達到個人認同，必須立基於某些價值與目標上。欲達此目的，多數學生都會經歷一段探索不同信念的過程。有時候他們熾烈地相信某一件事，六個月過後又把熱情轉到另一件事上。認同形成中之探索與質疑價值的過程，類似於探索性別角色與選擇職業等的過程。

　　成人也許很難去理解，年輕人在檢視價值時的感受。成人已對特定的價值作了承諾。家庭生活、工作及在社群中的名譽，反映了我們在二、三十歲時所選定之特定目標與理念。執守了二十多年後，在對價值的承諾上，我們反而很難想起究竟那些價值理念是如何發展出來的。多年以後，我們只是習慣了怎麼作，並不常去檢視它們。

　　不過，生活上的挑戰總是會趁機來試煉一下我們的價值觀。一旦某些理念遭到質疑，我們便突然意識到某些理念與原則對我們的重要性。成人得面對許多使其必須再檢視一己價值觀的危機，像是：至愛的人過世、兒子或女兒嗑藥、婚姻以離婚收場、公司倒閉、貴重物品毀於祝融、或是政府鬧醜聞。諸如此類的生活危機，迫使我們去面對及找出下列問題的解答：我們的生存價值、生命意義在哪裡？我們的行動與決定是否適如其份地反應出我們的價值觀？我們的生活是否內外如一，抑或在我們認為我們所相信的，與我們日常上實際所做的事情間，有著嚴重的落差？這種種思緒與困擾，往往在我們檢視價值

觀時如影隨形。成人在面對危機時所作的自我質疑，和大學生在檢視與認定價值觀時的心理歷程相似。

釐清價值不只是知性上的運作，不只是解讀不同意見並選出自己認為最合理的，還包括能衡量出不同處境間的代價及利益，而選擇其中最有利者。大學生瞭解他們的價值觀對生活會有深刻影響，包括：友誼、對父母的感受、學業上的抉擇、愛情，甚至個人安全都與之息息相關。他們也開始瞭解，認定特定價值有時需付諸行動，而可能與同儕或父母的意見相左。

不妨回想一下過去大學生對社會價值之熱情所作的具體表現：反越戰示威（the anti-Vietnam War protests）、民權運動（the civil rights movement）、婦女解放運動（the women's liberation movement）、反對南非種族隔離（protests against apartheid in South Africa）、以及裁減核武（nuclear disarmament）等。學生在大學時期發現他們可以聚集起來，就重要的社會和政治議題發表他們的意見。當然，隨著表明立場而來的，是其責任、義務與風險。

 瞭解學生的價值

價值發展的過程並不是從大學期間才開始。學生上大學時已有多種不同價值觀，對大學期間的生活方向懷著期待，並且已設定其所欲追求的目標。一項針對1989年秋季班的廿多萬名大學新鮮人所進行之全國性調查，顯示大學生認為上大學最重要之經歷及多項目標（Astin, 1989）。

　　爲什麼上大學？因爲堅信大學教育能使其達成特定生活目標，其中比較重要的類項即是：找更好的工作、學習更多事情，以及賺更多錢。學生認爲大學學歷與經濟價值間有緊密連結，相信其爲完成大學教育所投注之時間、金錢與努力，可以獲得經濟上的保障。

　　百分之五十以上的學生希望修第二個學位，這種規劃顯示大學生對事業雄心勃勃，並且重視更多教育所帶來的更多機會。如果將此一進程與上大學學習之強烈動機結合在一起，可以清楚看出學生期望能發展專業知識，冀望因此成爲某一專業的權威。不論是否立即攻讀其他學位，我們知道，大學生視教育經驗爲成人生活中應持續進行之角色。

表3.1 上大學之主要原因

	百分比
沒有其他更想作的事	2.4
找不到工作	7.0
爲了離開家	15.0
父母要我上大學	34.3
涵養文化	35.6
改善閱讀與學習技巧	40.5
準備考研究所	51.5
獲得一般性的教育	62.5
以便賺更多錢	72.2
爲了學更多事情	72.4
爲了找更好的工作	75.9

Source: Astin, A.W.（1989）The American freshman：National norms for fall, 1989. American Council on Education and University of California at Los Angeles.

　　表3.1舉出上大學之主要原因，以及受訪之廿多萬名學生中，就各原因所佔之百分比。

　　表3.2則顯示學生上大學時所認定的一些必要或非常重要之生活目標。其中名列前三名的是：財務上非常寬裕，成為專業中的權威，以及養家。從這三大要項中，再次顯示大學生認為經濟上的保障與發展專業知識，是兩項非常基本的價值觀。至於名列第三的養家一項，則和決定上大學較無關聯。大學新鮮人對大學教育如何能促其成為婚

表3.2 必要或非常重要的生活目標			
（百分比）	男性	女性	平均
創造藝術品	12	13	12
成為專業上的權威	68	64	66
個人事業成功	50	41	45
財務上非常寬裕	79	72	75
開展生活哲學	40	42	41
有行政上的責任	45	43	44
幫助在困境中的人	49	69	60
影響政治結構	22	18	20
影響社會價值	35	46	41
不與政治脫節	43	36	39
獲得同事認同	56	54	55
參與社區活動	20	26	23
增進對種族的瞭解	32	38	35
養家	68	69	69
對科學作理論上的貢獻	21	14	17
創作	12	13	12

Source: Astin, A.W.（1989）The American freshman: National norms for fall , 1989. American Council on Educational and University of California at Los Angeles.

姻良伴或成功的父母，還沒什麼概念。不過，像我們這種在大學或學院工作的人就知道，不論是在教室或教室外進行的學習，其技巧皆足以提昇家庭生活。

表3.2顯示男人或女人在上大學時，其價值觀相近，但並不一致。財務是否寬裕的考量，就男女而言皆排名第一。但是從女性較注重幫助在困境中的人及在意對社會價值的影響來看，其社會關懷重於男性。男性則較重視在事業、政治與科學上的成就。這些價值觀表示，年輕男性較年輕女性的政治立場保守。大學新鮮人中，百分之廿九的男性傾向於政治上保守或意識型態上偏右。類似傾向之女性則只佔百分之十八。

此一男女價值上的初步差異，顯示其對受完大學教育後有不同之期待。雖然兩者間有許多共同的價值觀，不過大學環境的不同面向對男女學生而言各有其不同之重要性。其間差異，可以見於所選之大學、主修學科、以及所參與大學社群中之社交、政治與知性團體等方面。

 # 大學環境中面臨之價值觀

從兒童及青少年時期即開始累積的價值與目標，到了大學更是如繁花盛開。大學生對於自己想接受何種大學教育以及如何使生命具有意義，抱持某些憧憬，經由擴展、修正，及與職員、其他學生，以及聽演講、看書、看電影、聽音樂、看戲及與其他不同意見互動等，匯集成整體之大學教育。

大學教育讓學生能檢核各項資訊來源，以及嚴謹評估理念，藉以從訊息之價值中區辨客觀資訊。經由與學者、規訓與理論等不同價值立場之大量互動，學生不斷有機會反映及評估自己的價值。大學中多數基礎導讀課程（introductory courses），即在幫學生區分出事實陳述與信念或意見陳述間的分野。另一目標則是重視在訊息的解釋上，個人的價值與目標所扮演的角色。價值之檢視與發展在學生進校園伊始即已開始運作，終其大學生涯而不斷。

身為教育機構，大學應提昇某些不論係已形成或尚未成為學生個人價值之部分的特定價值。一旦發現孩子越來越投入於大學生活之社交與課業環境中，便是這些價值發生作用的蛛絲馬跡。教育性價值（educational values）包括：肯定理念價值、勇於詢問與溝通、培養革新與創造力、尊重個體性與差異性、勇於克服及掌握環境，以及就知識的基礎而言，會捨直覺與信念，而就理性與邏輯。

再看一眼表3.2所排列之主要生活目標，猜猜看，多數大學教職員的看法如何。可能他們所重視的是對科學、文學與藝術的貢獻；也可能他們希望成為某個領域中的權威，獲得同事的認同。許多大學教職員因其書面報告及原創性的成就而頗有所成。經由研究及學術性報告，不論在形成社會價值、型塑政治結構或提出重要社會問題等方面，也都諸多建樹。

儘管大學教職員的待遇不差，其中大多數仍然稱不上是財務寬裕。大約百分之五十以上的大學生，其父母的收入超過大學中的助理教授。因此，在與研究生與教職員深入接觸後，可能因學術生涯之截然不同的價值觀，而使大學生產生價值衝突。面對不同之價值立場，則正是刺激價值檢視之重要過程。

價值發展的不同時期

　　價值發展通常分為四個階段：認識自己的價值觀（knowing your values）、加以質疑（questioning them）、接受他人的價值（accepting others' values）以及作價值承諾（making value commitments）（Perry, 1968）。大學生在建立特定價值觀與瞭解與承諾相關的義務方面，進展的速度不一。整體而言，價值的發展會使得人格更成熟，且更具道德意識。不過在發展的途中，有時候也會產生走回頭路的現象。基於此，父母是否瞭解價值發展的不同時期，及其對學生身心轉趨成熟之整體性影響等，實是相當關鍵性的一點。

瞭解自己所重視的是什麼

　　大學生通常對其信念與價值具有相當信心，其所成長的家庭與社區，則是其家庭價值之強大支柱。至於社區中鄰近的其他家庭，所參加的宗教組織，以及與其有日常性互動的人，大抵有著相同而基本的生活目標及社會價值觀。根據對中學生及其父母所作研究，發現青少年與其父母之多數價值觀，尤其是關於宗教、政治與教育等方面的，非常近似。因此，多數大學生認為自己知道所追求的是什麼，認定自己的價值觀是正確的，也認為世界上其他的重要人物，亦與其有近似的看法。

質疑你的價值觀

　　對學生而言，價值發展的下一階段則是開始質疑其價值觀。這

在遇到不同價值立場時便可能發生。學生越少與具有不同目標或價值觀的人交談，越無法捍衛自己的價值體系。與室友交談，與指導教授熱烈討論，或是聽演講時遭到挑戰而覺得義憤填膺等，都是質疑過程的開端。對學生而言這是個非常痛苦的時期。對於一向確信的信念竟然會有那麼多權衡的餘地，往往使他們覺得困惑，甚至生氣。

拿家庭生活的價值觀，以及名叫Maureen的大學女生的經歷來作個例子吧。Maureen從小便相信自己長大後會結婚、育兒及擔負起親職工作。沒有這些經驗，生活便不圓滿。並且由於她對這些目標所設立的高標準，包括其生涯目標，參與社區教會，以及中學時期與男孩的約會等重要決定也都受到影響。

上大學後，Maureen才知道其對家庭生活的價值觀有相當多的矛盾。她和室友及宿舍中其他年輕女孩交談，知道朋友中不少人抱持單身主義；她修了一門社會學課程，討論並分析各種家庭型式；她也參加一場以商場上「媽媽路（mommy track）」為題的演講，主講者認為，不應冀望有小孩的職業婦女會與單身、沒小孩的婦女，或是男性競爭。之後，她開始和一個男孩約會，那男孩的理想是自己能獨立自足，而且能和另一個能獨立自足的職業婦女結婚。

上述種種經歷都使得Maureen的生活充滿了不確定性，一向所深信的價值與目標變得有待檢視。她意識到，她的觀點不夠客觀，且其家庭價值係附帶著結果與責任。她所以掙扎，是因為必須重新檢視其自我概念之基本結構及其對未來的看法等的基本信念。

既然有其他的抉擇，Maureen將對其所做承諾認真檢視及反省。可以想見的是，其價值觀將變得更堅定，更經得起考驗。不論是否修正，經過檢視，其價值觀必然更能反映出她一己的需求，且在她終於

認定某些價值後，她會有更深的責任感。

接受所有價值立場之合理性

價值發展的第三個階段是所有價值之相對或彈性論。此一立場在1960年代的說法是「各家手法，巧妙不同」；在1970年代的說詞是「自掃門前雪」、「各管各的事」；到了1980年代，則是「薄情寡義」（chill out）或「重燃價值」（light up）；意指沒人能夠認定某一立場對他人是否是正確或最好的。每個人都有權認定其一己的價值觀。若是從敝帚自珍的角度來看，任何一種觀點都有其意義，並且無從權衡，哪種價值才是最可接受或最有價值。你不會因為別人有不同的價值觀而否定他（她），也不會因為別人有不同的理念而認為有義務去影響他（她）。

從Maureen 的例子中便能理解，此種價值態度在大學環境中如何發展。聆聽不同意見，對訊息必須客觀，以及渴求融入密集的社群互動等的意念，都是讓人無法妄加判斷的原動力。大學生學會不要急於評斷別人，而是以開放的態度，傾聽同儕間不同的看法和意見。上課的時候，學生經常訝異地接收到與一般人所持信念或意見相反的證據，也漸漸接觸到一些從不知其存在卻令人信服的觀點。批判理性的進一步發展，奠基於學生能否在探索不同訊息來源及相反理論時，不急於下判斷，大學生發現，如果他們能持開放態度，而且不去拒絕新的觀點，他們在社群生活及大學生涯的知性要求上便佔有更佳的位置。

父母也許會覺得，此一階段的孩子會讓你產生很大的挫折感。你可能深以孩子在高中時期的許多成就為榮，親子間也對某些值得追

求的目標獲致基本的認同。突然間，孩子的價值立場或觀點，似乎和你有相當大的差距。他們對物質成就所持論點，不論是正面或負面的看法，都不是你原來所想像的情況，而且他們會開始去探索你所不熟悉的精神或宗教領域：兒女所參與的政治團體或示威活動，也和你所持立場相左。

更尷尬的是，如果你質疑他們的活動，接到的回應是他們尊重你擁有自己信念的權利，而你該秉持同樣態度。換句話說，你根本沒有爭辯的餘地，而是會有人認為你太「僵化」，應該試著更自由地思考。父母放不下已引導自己廿多年的想法，是想當然爾的事。然而在有利的大學環境中，讓孩子儘可能自由地思考也是種自然的趨勢。

重要的是，要視此一價值探索階段為試驗期。如果你能認知此一階段是建立永久承諾之大而漫長過程的一部分，對孩子探索任何新的價值時的任何舉動便不會反應過度了。

做價值承諾

價值發展的最終階段即是做個人承諾。這方面急不來，而且不同價值領域有其不同發展時期。因為得決定主修和生涯規劃，與工作相關的價值觀因而較早建立。政治及社會立場，在學生與大學生活整合時成形，而且在這些領域中必須作重複的價值承諾，比方說，得去投票，既是朋友又是親密伙伴，以及是社區的成員等。宗教觀的發展則比較緩慢，多數大學或學院的社團比較少關注此一面向。學生通常是自行或經由宗教社群追索這方面的問題。

經由認同，學生的價值觀會依所追隨的角色而成形。願意做價

值承諾的原因之一，即是希望和具有清楚價值立場的其他學生、教師、指導教授或校園領袖結合在一起。校園中對自己價值觀具有明確概念的人，會鼓勵其他人相隨。他們也許會組織義工去幫助社區中低收入的青少年；計畫到中國作研究之旅；成立為學生而設的群體；或是成為校園中的共和黨、民主黨或社會黨領導者。

大學生有信心去追求其所渴望的未來時，也會有意願去做價值承諾。年輕人在墜入情網而與愛侶共同勾勒未來時，愛侶的目標和價值會變得和自己的價值觀息息相關。同樣的，親密的友誼也會讓大學生渴望讓朋友分享其價值觀，以及持續獲得友人的尊重與支持。某些價值承諾即是友誼的表徵。此外，學生如能對其所學領域得心應手，其價值承諾則會反映，他們相信經由所受專業訓練，能對更大的社群有所貢獻。

 ## 大學生其與父母間的價值差異

基本上，大學生及其父母間的價值差異並不大。父母的態度越是理性而開放，孩子越能認同其價值和目標。父母如能就家中主要決定，要求孩子的參與及建議，孩子對家庭目標的向心力越強。參與的過程中，孩子也會投入於目標中。

當然，大學生與父母間的價值觀免不了會有差異。大學生傾向於高估差異，認為自己與父母間的歧異較實際情形嚴重。父母則傾向於低估其中差異，認為孩子實際上與其有頗高的同質性。

父母和孩子在此一過程中各有其關注點。中年期的父母早在

二、三十歲即已作了價值承諾。其間他們當然仍有機會再評估與修正其對未來所作的承諾，不過，他們真正想彰顯的是，曾經做的決定已使其過著豐盛而有意義的生活，也是孩子生活上的良好開端。

大學生則有其個體與自主性。他們注重的是自行作決定，以及掌握自己的未來。更重要的是，他們要經由所作的不同承諾，來強調其在心理上與父母的距離，並因而較為自在。而在決定自己所欲遵行的承諾時，他們自然會檢視其價值觀。

你對成人生活之重要目標的觀點，受到你在二、三十歲時所面對生活準則的影響。儘管你認為自己的某些價值，不論時代如何遞移都是任何人應奉行的，無可諱言，有些價值則會隨社會變遷而改變。例如，新工作機會、新的國際性整合、驚人的科技革新，以及在接受各式生活風格上的明顯改變等，都是孩子成長期間社會變遷的例子。

此外，面對社會中各式變遷，孩子的洞察力遠勝於你在同年紀時的反應。書籍雜誌大肆討論超載的訊息與如何管理訊息，孩子的價值觀，便在如何規劃變動中的未來，以及如何適應不確定而變遷的世界等壓力下形成。所以我們不妨假定，孩子的價值承諾不但反映出其對急速變遷中文化的種種需求所作調整，也反映出變動中所潛藏的機會。

價值檢視與價值承諾為認同形成過程中的礎石。價值引導人們在困難的情境中如何行事。大學畢業前，年輕人必須開始瞭解其所關心及願意付出的目標，尤其是在面對壓力與誘惑而可能揚棄價值觀時，對其承諾的結果負責。缺乏價值承諾，學生會溺斃在無垠的選擇中。一旦進入成年期而必須開始作重要決定，大學生即需有勇氣與能力去採取足以反映其價值觀的行為。

建議讀物

Astin, A. W. (1977). *Four critical years: Effects of college on beliefs, attitudes, and knowledge*. San Francisco: Jossey-Bass.

Clemenza, R. (1990). *Four years: Knucklehead's guide to college life*. Midland Park, NJ: Knuthouse.

Gilligan, C. (1982). *In a different voice: Psychological theory and women's development*. Cambridge, MA: Harvard University Press.

Perry, W. G., Jr. (1968). *Forms of intellectual and ethical development in the college years*. New York: Holt, Rinehart and Winston.

4

大學社區

　　目前全美有三千兩百個以上的高等教育機構，包括：各大學及其分校、四年制的學院以及兩年制的學院。大學已經成爲美國年輕人受教育與社會化的主要場所。年輕人所以修第二個學位（post-secondary education），可能是基於父母的期望、同儕壓力、生涯規劃、中學畢業生缺乏就業機會，或是欲追求新的理念或資訊。在1980年代，完成大學教育便意味著實質上的經濟利益。大學生在就業市場是求過於供，此一趨勢一直延續至1990年代（Murphy and Welch, 1989）。基於上述理由，每年有七百萬以上18至24歲的年輕人加入複雜的教育體系。

　　學生上大學是爲了追求其教育與職業上的目標，大學環境所孕育的使命感、價值導向及期望，都會使學生深受感動。上大學後要求邏輯思考、更高深的學問、社區參與以及新建立的友誼等等，也會使大學生在成人期之智力、社交與情緒的發展上深受影響。

　　和成年人交談時，多數人都表示他們是在大學時期學會如何爲自己思考，以及體會到朋友的眞正價值。學生在大學期間會接觸到卓越的新標準、競爭的新層次、艱難工作的新要求，以及智能成長的新機會。這些新挑戰在其心目中的重要地位，鼓舞他們邁向更高的個人成就。

　　就理念與心靈的內在層面而言，大學生活當然也有其不夠完美的一面，像是學生對教授迭有怨言，看到書本昏昏欲睡，或是費盡心機要躲掉課業等。資訊的氾濫，也會使學生因顯得無知而極力想防衛自己。不論是選課或交友，大學生都小心翼翼，試著在探索之旅中仍能掌握住自己的目標和自我。無論如何，行進之間每個人的意向仍有一定的方向，終致對自己有了新的看法。他們尋求新的目標、給自己設立新標準，並竭盡所能讓事情依其想要的方向進行。

大學生活的體驗及其影響

為數眾多且類型不同的第二學位機構（postsecondary institutions），功能不一。各大學都有其優缺點，以及獨特的學術環境。唯有瞭解各校特色，才能促進學生的學習效果。各校間較明顯的差異包括：

1. 學生人數多寡。
2. 學費。
3. 係兩年制或技術學院或能授與學士學位的大學。
4. 學院或大學。
5. 公立或私立機構。
6. 男女合校或分開招收。
7. 校園內不提供宿舍的通勤學校，或是多數學生都住宿或住公寓的住宿型校園。
8. 多年來都以黑人為主、白人佔大多數、或是實際上在種族與倫理方面都多元化的學校。
9. 校園的宗教意識濃厚，或是無教派色彩的學院。

上述差異不但會影響校園氣氛，也和學生的類別、學生對所受教育的期許、教職員的目標，以及教職員與學生互動的品質等有密切關係。

一所學院的功能及其特色，決定了教職員在時間分配上的優先順序，及其與學生互動時之質與量。舉例來說，如果是大型研究機構中的教職員，即應經由研究和其他學術活動，就其專業知識作出重要貢獻。他們必須在教學與指導學生，以及作研究、寫作及在專業會議

上提出報告等方面取得平衡。這類教職員通常同時在大學及研究所任課，且必須隨時知悉其專業領域中的最新發展，才能在教學與研究上拿得出東西來，且常因其學術專長，而需提供諮商或諮詢，並對社區和專業組織提供服務。

在大型研究機構就學的學生，有機會選修知名教授的課，或是聽其演講，實驗室中的配備也是最先進的。他們得以進出各式圖書館以及接觸各種電腦資源，因為二者都是這類機構在教學與研究上的必備條件。同時，學生會有機會和已決定進修的研究生產生互動，而可能參與研究，或加入由教授所主導、具前瞻性的學術方案。

大學部的學生（尤其是在第一和第二年）不會和教授有太多個人接觸。也許導讀性的課程係由教授講授，討論或實驗課程則通常是由研究生擔任助教。大學的前兩年，學生的學術上認同並不明顯，直到在主修領域中修習進階及專業課程時，認同才會加深。

若是四年制的大學，教職員當然也可以繼續其學術性研究並發表，但是其首要任務在教學、學生諮詢，以及與學生共同進行獨立之研究計畫或專案。這類老師通常不負責指導研究生或專業人員。校方期望他們作的是增進教學品質，以及促進學生之智力發展。

由於這類機構並不注重研究，相關資源相形缺乏，教職員因此比較難跟上專業領域的最新發展。不過，其所提供之學術環境，有助於提昇學生之興趣與參與感。許多學生便是在較小的文學院認定自己的進修意願，而進一步在研究性機構攻讀學位。

學生在入學前應對大學之重要特質有相當瞭解。有些大學在讓學生對大學環境的認識上，比其他學院用心。一般說來，大學的公告

及其書面招生簡章所提供的視野極其有限。學生應該自己去參觀校園、到宿舍走走、聽幾堂課,以及瞭解校園內外所能獲得的資源,才能清楚判斷該校是否符合其個人與學業上的需求。

局外人很難對任何大學的環境加以評估。不過,在孩子選擇學校時,除了衡量其需求與目標外,分析各校的優缺點是非常重要的一環。一般說來,造訪校園是辨別孩子是否喜歡校園環境的好點子。此外,孩子想就讀的學校能否符合其在學業與社群生活上的需求,也應事先評估。基本的考量越契合,大學環境對孩子之智能與個人成長,越能產生正加強的效果。

適應大學的居住環境

大學生活最具挑戰性的經驗之一是住校。多數有宿舍的學校要求新鮮人第一年一定得住宿,有些大學還要求學生住宿一年以上。不妨想想那種場面:來自不同家庭、不同區域、不同州、不同種族和宗教背景,甚至不同國度的年輕人齊聚一堂共用房間、浴室、走廊、洗衣間、餐廳以及閱讀區。有些人從來沒跟人分住過房間,上大學後卻得擠進相當擁擠的居住空間,不但要學習獨立,還得和其他學生協調其日常生活模式。

住宿使得所有學生都得面對許多從未碰上的狀況。比方說,要求對方降低音量,縮短淋浴時間,或是電話不要講太久等等。不在宿舍的時候,得請別人幫你留言;如果剛好自己有朋友來,得找找那個房間可以借用一兩個晚上;牙膏或刮鬍膏剛好用完時,也只好向人求援。

　　除了來自課程考試、報告、體能競爭、與父母的衝突、不穩定的愛情關係以及對未來的迷惑等的壓力，住宿生還得分擔其他人的喜憂。約會觸礁所帶來的緊張笑容或眼淚，報告得了A或是足球賽大勝時的尖叫與吶喊，以及歡度週末時弄出的嘈雜聲響等，都是宿舍氣氛的一部分。有些學生覺得這類喧鬧活力四射，深爲這種環境著迷。但是也有學生討厭隱私權受到侵犯，覺得住宿侮辱到其個人尊嚴。

　　如何調適大學生活中住宿所帶來的衝擊，取決於建築物本身的設計，以及社群生活的氣氛。宿舍的設計、維持，以及共住在同一個區域的學生數，都會影響住宿的感覺。新鮮人在大學裏最早結交的朋友，可能就是其同寢室的室友。因與室友經常交談所促成的情誼，可能終大學生涯而不墜。

　　宿舍的架構會影響學生間友誼的品質（Baum and Valins, 1977; Null, 1980; 1981）。如果宿舍蓋成長廊型，房間在長廊兩邊，學生間的接觸便比較疏遠，偶爾在走廊上遇到了，也許彼此間並不認識，因此會覺得這種偶遇並不自在。住在這類宿舍的學生，很可能只覺得擁擠而疏離。

　　若是以二到四個房間爲中心組成居住空間，則似乎在肯定更頻繁的人際關係。學生較能預期及掌握與其他學生接觸的頻繁度，並共同決定如何共享居住空間。因房間比鄰而共同起居的四到十六個學生，形成一種互動的基礎，不但彼此認識，也會經由其他人在校園中的人際網絡，而延伸自己的人脈。

　　各宿舍的氣氛不同。有些宿舍學術氣息濃厚，也有些是以創造力、社交活動、傳統或學生的參與等著稱。大學宿舍的社交氣氛可以從十個面向加以描述，並分爲四大類，即是：人際關係、個人成長、

智性發展，以及系統的變更與維持（Gerst and Moos, 1972）。

人際關係（interpersonal relationships）：強調同寢室中的人際關係。

1.參與感（involvement）：對寢室與室友的認同程度；以及寢室中之互動與友誼度。
2.情感支持（emotional support）：對同寢室的人公開表示關懷的程度；是否在學業與個人問題上努力幫助其他人；注重開放與坦誠的溝通。

個人成長（personal growth）：與住宿生之心理與群性發展之特定面向相關的社群壓力。

3.獨立性（independence）：相較於一般所認可之適當行為，各類型學生我行我素。
4.傳統性社交導向（traditional social orientation）：因受到壓力而約會、去舞會，或參加其他傳統上異性間該有的活動。
5.競爭（competition）：涵括的範圍廣泛，像是約會或學科成績等諸多項目都在競爭之列。

智性發展（intellectual growth）：強調與住宿生之認知發展相關的學術或智性活動。

6.學術成就（academic achievement）：同寢室中較量的是學業成績及相關項目的表現是否卓越。
7.智力（intellectuality）：係與課堂表現相對之文化、藝術或其他智性活動。

系統的變更與維護（system change and maintenance）：寢室氣氛之穩定度與變動性的程度。

8.秩序與組織（order and organization）：正式的結構或組織數（例如，規則、預定計畫以及訂定的程序）、潔淨度。

9.創意（innovation）：有組織或係個人自發性的行為與理念，活動的數量與種類，新的活動等。

10.學生的影響力（student influence）：住宿生（不包括職員或行政人員）認知其對寢室管理的控制能力；訂定及實施規則；控制預算的運用；選擇員工、食物以及室友；或制訂政策等。

許多學院或大學非常注意學生間之個人、社群及智性上的需求，為符合特定學生的需求，而對宿舍作特別規劃。比方說，設有參與優等生計畫的住宿區。有些大學有語言區，說德語、西班牙語、法語，或其他語言的學生自成一區。也有些大學係針對主修科目來規劃，比方說，有家政（home economics，現在已改成生活應用科學）或工程館或樓層。這類型的安排讓學生能依其主修科目建立人際網絡，並在課業上相扶持。

男女合住的宿舍是另一種創意。出乎意料之外的是，這類宿舍著重於智性生活，並且安排比純男生或純女生宿舍更多的文化、藝術及其他智性活動。學生覺得該類宿舍比純男生型的宿舍競爭少，而比起純女生型的宿舍，社交活動較少。上述三類宿舍的學生不論在學生的參與與影響，或對課堂成績的注重等方面都有近似的表現。

只是瞭解宿舍的不同特質，並不表示就能選擇最佳的住宿環境。事實上，多數新鮮人即使是在頭一年都不以住宿為優先選擇。

1988年入學的新鮮人中，只有42%的人表示較喜歡住宿。不過，實際上有72%的新鮮人在第一個學季（quarter）或學期（semester）住校（American Council on Education, 1988）。

住宿經驗是學生與父母都頗有微詞的話題。學生抱怨宿舍中的噪音、無法讀書、抱怨食物，以及無法控制其他學生的破壞行為。如果有人逾矩是佔別人便宜，吃虧的學生得堅定立場。多數生活輔導的專業人員強調，學生必須學習主動解決其在居住環境上所遇到的問題。不論是與室友或其他樓友間的生活性差異，皆可以正式或非正式的程序解決。宿舍的職員會鼓勵學生自行協商或運用技巧解決問題，也會訓練學生如何進行，但是不會自行介入代為解決。

有時候學生會請求父母幫其解決人際間的問題。為免孩子受到侮辱或剝削，父母當然很樂意插手捍衛孩子。重點是，你應該仔細傾聽並研判孩子是否已盡全力去解決問題。不可諱言的，有些問題的確是孩子無法解決的，像是室友有自毀傾向、同學有種族歧視，或是宿舍發生竊案等等，都會讓父母覺得孩子應該另外找地方住。諸如此類住宿上的的嚴重問題，應由家長、學生以及校方的職員共同處理。

此外，父母還可能擔心其他方面的住宿問題。比如說，許多宿舍相當老舊、房間很小、照明度不夠、通風差，清潔上則只在勉強可以接受到相當差之間。多數宿舍根本談不上華麗，家長卻得付可觀的學費及宿舍費。

無論如何，住宿對學生能否適應大學生活，顯然是股助力。在學生能否完成學業的種種原因中，住宿經驗始終是其中的正加強因素之一，住宿生通常比通勤生更投入校園生活。宿舍裏的學生總是以最有條理的方式，接收到有關校園生活、給學生的特殊機會，以及學生

所面對的種種議題等訊息。住宿生有機會認識和自己差異頗大的其他學生，也會面對及猶豫於所遇到之不同觀點、價值，及解決衝突的不同方式。透由同儕、舍監或各樓層的指導人員，住宿經驗讓孩子在重要之個人與智性發展時期，獲得情感與人際互動上的支持。

選宿舍也許不是選擇大學時的最重要因素。宿舍不會比教職員的素質，孩子感興趣之領域所提供課程，或是校內之其他大學生的素質與差異性等因素重要。不過，儘可能從所能獲得的住宿安排中選擇一兩個比較符合孩子社群及智性需求的學校，還是相當重要的。許多大學在安排住宿時都會將學生的喜好列入考慮。

 ## 認同形成與大學體驗

大學經驗對個人成長與認同形成的影響取決於三個要素：

1. 孩子進大學時之認同狀態。
2. 校方與學生間之價值取向的契合度。
3. 學生與教職員互動的質與數。

大學對學生之認同形成與價值確立的影響力有多大，部分取決於各學生之認同狀態。誠如第二章所述，某些學生係未經探索而認定其價值與目標。

第二類學生則是在上大學的時候，進入積極的價值探索與試驗期。他們質疑自己的價值與目標，嘗試以不同的視野或形象來檢視自己。

第三類學生則是很難或不可能作任何定諾。他們無法將自己所扮演的多重角色，整合成持續性的自我檢視，也是在這段時期，學生若仍無法定諾，則是種問題的表徵。

我們不太可能預期多數大學生上大學時已有其個人認同意識。前面提過，有些學生在青少年時期因為經歷重大生活挑戰，比起生活平順的學生，已然對價值有過更多質疑與檢視。

所以比起仍在質疑或探索期的學生，這類已認定自己價值的學生不太可能再受大學文化的太多影響，他們會覺得不論是選大學、選擇主修科目或參加哪些校園活動等等，都決定於其已建立之價值與目標。個人與大學價值間的契合度，不是支持其原有價值體系，便是使其崩解。

如果這類學生選的是能夠反映其價值體系的大學，不論其與教職員間的互動多寡，其價值體系都不會受到挑戰。若是選的大學與其價值體系不合，或是遭到各類價值的衝擊，則會有價值上的變化。改變的程度，依學生與教職員間的互動，以及學生獲得多少鼓勵與支持去進行價值探索等息息相關。

若是學生與教職員間的互動頻繁，且大環境的價值觀和學生相當不同，自我檢視的壓力便非常大。有些學生不喜歡這種壓力，不願意開放自己進行價值探索，疏離感過強時便會轉校。也有的學生願意進行自我檢視與探索，面對環境中的各種問題，嚴格自我檢討，終於獲得強烈認同。這類型學生在大學時代會經由校園環境之直接影響而經歷非常強烈的轉變。

另外有些經歷過許多質疑與探索，但是在校園中與教職員互動

並不頻繁的學生，則是經由角色試驗、價值議題之邏輯思考、與同儕的互動，以及在文化、歷史與家庭價值之逐步整合下，經歷其價值上的變化，大學文化對其認同形成的影響有限。不過，若是環境中有較多互動機會，經由與教職員或其他學生對大學社區中重要的價值與目標所作討論，仍會漸漸喚起學生的興趣，因為在價值釐清的議題上，學生的敏銳度是逐步開展的。一個鼓勵學生與職員頻繁互動的大學環境，是使學生社會化的良好場所，也對學生價值觀的發展有重大影響。

在這種氛圍中的學生會強烈認同校園價值。他們會高度肯定班上那些與其共同破繭而出的同學。同校的畢業生友誼深厚。經歷過共同之社會化過程後，同校的學生彼此瞭解而相互敬重。

 ## 認同危機

「認同危機」一詞意指個人日常生活意義與目的所繫之價值與目標體系，突然瓦解或惡化。所以產生認同危機，通常和強烈的焦慮或憂鬱相關。焦慮來自於個人深怕若無明確的價值體系，令人難以接受的衝擊便會接踵而至，使人作出危害他人或不道德的行為。憂鬱來自個人突然覺得毫無價值。如果在檢視以往所建立之目標而發現根本毫無意義，該個人便可能因為覺得自己的行動對自己或他人都毫無目的或價值而變得不知所措。

大學生的認同危機來自於兩種情況，碰到時皆需迅速且認真地檢視價值議題。發生認同危機的頭一種情況是，校方與個人之價值取向截然不同，而且在校時學生與教職員之互動相當頻繁。在此情況

下，學生瞭解與其有經常性互動，且應該是其認同對象的人，與其價值觀相去甚遠。由於這些成人在其生活中之重要性，彼此間的價值衝突因而會使其突然產生失落感。學生相信自己應景仰及尊敬成人，尤其是教授。然而他們也會極力想維護其原有的價值體系，以保有其控制意識。

這類衝突常發生於學生具有相當傳統的價值觀以及明確生涯計畫，卻進了門檻高且聲名遠播的私立大學。比方說，許多人會受哈佛（Harvard）或史坦福（Stanford）大學的地位及名聲所吸引，但是對這類學院之強大社群化壓力，或學術成就的標準等毫無心理準備。他們不曾預期，往後需客觀地檢視理念，要能面對新的概念，以及體驗許多不同角色。上一所聲譽卓著的學院，不只是買賓士或穿名牌服飾而已。上名校除了是地位的表徵，更是一種生命的試煉，沒有心理準備的學生會不斷受到衝擊。

Thomas Cottle（1977）描述上大學後才初嚐學業敗績之學生的困惑心態：

「高中之前我只知道自己戰果輝煌。之後，時間好像停止了。我就像⋯那些想不起任何事情的傢伙⋯我得了健忘症。最後兩年發生過什麼事？沒事，絕對沒事。零，老兄，」他聳聳肩。「我是個零人，沒有任何好事鑽進我腦袋裏，或是停在那兒。16個半學分的課程，毫無留下任何痕跡。老兄，我真是一個字也說不上來。我甚至連期末前兩週上過什麼課都說不出來」⋯他用手敲敲腦袋。「告訴你，老兄，這裡頭啥也沒有，除了廢物和一點高中化學外，啥都沒有。」（p. 127）

對於正在對價值觀與自我進行探索和試驗的學生，如果在其仍

在猶豫或困惑階段，外在需求便已迫使其做價值承諾，也會產生認同危機。對某些學生來說，選定主修科目，許下愛的承諾、或在眾說紛紜中表明立場等，會讓他們確信自己知道什麼是自己想要的，進而發現其價值觀比其所認定的更爲明確。在此情況下，學生會朝達至認同的目標更進一步。不過，也有的學生會因必須作出承諾而變得更爲迷惑。如果學生仍深爲如何選定價值觀與目標所惑，突然面臨作出承諾的要求會使學生目前所具有之暫時性價值結構嚇得崩解。

父母通常會試著解讀所有訊息以決定孩子是否對大學環境適應良好。父母會評估環境是否夠具挑戰性但又不具威脅性；也會試著瞭解孩子是否能配合環境上之社群及智性要求；尤其會想評估孩子在大學的價值氛圍下所經歷的衝擊量，以及該等衝突係成長的助力或破壞力。

孩子盡力去適應大學生活，或是經歷一段不知自己與所就讀之一般或特定大學是否相契合的困惑等，都是很平常的。不過，父母可能很難眞正瞭解孩子是否適應大學生活。以下這封信的摘要，可以對學生爲什麼不把自己的困惑說出來稍微有一點兒瞭解：

> 我不會告訴父母自己並不很想待在這裡。他們覺得我很喜歡這裡。我也不知道自己爲什麼不想待在這裡。我有很多朋友，而且成績優異。但是我總覺得自己該作點別的事，卻又說不出是什麼。每件事都令人迷惑。
>
> 我從沒有跟父母談過這些，因爲他們對我的表現很滿意，我可不想澆他們冷水。

有些學生認爲必須讓其父母相信大學是非常美好的，因爲他們

認為父母費盡心力送他們上大學，必須讓父母覺得大學經驗的確是他們所最期待的事。

有些學生則是因為覺得自己在大學中並不快樂而感到羞愧。他們覺得如果承認自己難以適應大學文化，或是因對大學課程所要求之選擇或決定覺得困惑，說出來會讓父母非常失望。

也有些學生上的是其父母所就讀過的大學，害怕自己若是對校方有任何失望的情緒，會被視為是反抗父母所作的抉擇。

許多期待上大學的學生發現，他們對家與家鄉朋友的思念及因此所致的寂寞，超乎其想像，同時也覺得不好意思承認新環境並不如想像中美好。

不論是基於上述或其他理由，總之，你必須心思靈敏，觀察子女是否選對了大學，以及能否適應大學生活中的要求。如果能讓孩子瞭解，你可以體會大學生活的前幾個月甚至頭一年並不好過，或許有助於孩子更勇於表達其內心感受。

此外，對於孩子承受壓力時的不尋常徵兆也不能掉以輕心，像是常常生病、反常的倦怠、失眠、情緒暴起暴落、食慾大變（沒有胃口、或是暴飲暴食），或是經常抱怨背痛、頭痛、噁心或其他生理症狀等等，諸如此類的壓力症狀，都一再顯示校方的要求已達到孩子的極限。不過，也不要對孩子的反應過於在意，只需對任何改變抱持開放的心態即可。

許多大學生真的在大學中悠游自在。他們選擇一所能使其能力與目標有所發揮的學校，並且為自己的成就而自豪並樂在其中。千萬

不要把快樂與滿足的表現，視為是在掩飾問題。換個角度來看，如果孩子決定轉學或是暫時休學，你也不必驚嚇過度。每所大學的環境不同，每個孩子的情況也不同，兩者間能否契合，因人而異。

 ## 建議讀物

Astin, A. W., Green, K. C., and Korn, W. S. (1987). *The American freshman: Twenty year trends, 1966-1985.* Los Angeles: The Higher Education Research Institute of UCLA.

The Chronicle of Higher Education. A weekly publication that focuses on issues, trends, and concerns regarding postsecondary education.

Cottle, T. J. (1977). *College: Reward and betrayal.* Chicago: University of Chicago Press.

Jeakle, B. and Wyatt, E. (1989). *How to college in the 90s.* New York: New American Library, Penguin Books.

Kaye, E. and Gardner, J. (1988). *College bound: The students' hand-book for getting ready, moving in, and succeeding on campus.* New York: The college Entrance Examination Board.

Lockerbie, D. B. and Fonesca, D. R. (1990). *College: Getting in and staying in.* Grand Rapids, MI: William B. Eerdmans.

Rosovksy, H. (1990). *The university: An owner's manual.* New York: Norton.

5 友誼與寂寞

朋友是提昇個人福祉的關鍵性角色。朋友會提供社會性支持，讓你感受到自己的價值與重要性，並且會與你共享訊息與資源。遇上任何危機時，朋友會介入幫你解困。朋友是你成功的助力，並且會以你的成就為傲。

朋友的重要性終生不渝，不過，他們在不同階段扮演的角色不同。大學生所需要的朋友，是能瞭解其所面對的重要問題，並能幫其在釐清認同上持續有進境的朋友。年輕人在大學時期於必須作判斷時，其獨立性大於順從性。他們很少在為獲得支持而呼朋引伴，而是對誠實與承諾性的友誼較感興趣。在大學生試著瞭解自己的個人特質、才能與目標時，他們所需要的是能幫其釐清這些議題的朋友。透過對話、質疑及經驗分享，大學中的朋友會幫助對方認知與重視其個人特質，以及發展對未來的共同視野。

以下是一名大學生對大學生活所作描述，這類事情，他通常不會與父母討論。這封信反映了朋友在大學體驗中的重要性。信的作者也指出，父母對孩子在大學的社群生活或其交友情形，可能所知有限。

> 雖然我覺得社群生活是最重要的學習經驗，但是我通常不會和父母談及這方面的事。這兒所舉行的一些舞會或其他活動，看來好像會讓我的學習分心，不過我覺得幫助勝於妨礙。宿舍是個很棒的地方，你可以碰上各式各樣的人，到了深夜每個人心底那個聒噪的自我都跑出來喋喋不休。

面對來自不同家庭體驗、地區、種族、宗教、才能與目標的人，大學生得以開始釐清其獨特的特質。同時在交友的過程中，大學生開始對自己有更清楚的認識，並能找到同質性高的伙伴。

友誼的發展

　　從高中到大學，交友的性質改變了。大學生在選擇朋友方面門檻加高。他們更能瞭解其他人的觀點，也因此更能有效呼應朋友的需求。友誼間的相互性，使得彼此會相互幫助，而且能在對方成功時感同身受。

　　Jack Kennedy的平生好友之一，是他在Choate校結交的LeMoyne（Lem） Billings。

> Jack總是試著以和Lem競爭來試煉他，好像把Lem當作自己的分身…我認為，兩人對彼此的成就都感同身受。兩人中，只要是一個成功，另一個就像是自己的成就般喜悅。Jack最近在政治上的成就，Lem當然和Jack一樣高興。我相信， Lem贏得摔跤大賽時，Jack 和Lem的雀躍心情不相上下。Jack 對Lem的強壯與體能，也許比Lem本人更引以為傲，因為Lem對自己的無限精力並不那麼在意。凡是Lem所盡力展現的，好像都是為了回報Jack而作。他們兩個人間的互動，好像就是在盡其在我，然後讓彼此在自己所力有未逮的部分，互以對方的成就為樂。
> （Michaelis, 1983, p. 158, quoted from Robert Kennedy, Jr.）

　　大學時期的朋友更能體會彼此的感受，允許對方更深入地瞭解自己，因而變得更為親密。當然，朋友間也會有劍拔弩張的時候。彼此間可能深深傷害，而後強烈渴望言歸於好。大學生間的情誼也許不是局外人能懂的。其部分構成因素是強烈的情感，因此結果未必合邏輯性。

對於年輕男女而言，友誼的特質與發展模式並不相同（Bell,
1981; Fischer, 1981）。女孩在友誼的發展上可以分為三個階段。大約
十一至十三歲屬早期階段，以活動為發展基礎。少女找的是會和她們
同進同出的朋友。從十四至十六歲屬第二階段，朋友的基準是忠誠與
信任，也就是可以傾訴和信賴，絕不會出賣她們的人。此一時期的女
孩會有強烈的焦慮感，深怕被朋友所拒絕或拋棄。

到了約為高中晚期至大學時期的第三階段，年輕女孩主要是以
人格與共同興趣為交友指標，怕被拒絕的焦慮減低，彼此間更注重的
是像親切或幽默感等的人格特質。這階段友誼的特色是思想上更為開
放，且更瞭解對方。

對男孩而言，脫離以活動為基礎的友誼階段較不明顯，即使上
了大學，男孩仍會以參與共同的活動來建立親密的友誼。相對的，年
輕男孩也不像年輕女孩那麼害怕被朋友拒絕，而且那種害怕被拒絕的
時期也不長。至於朋友間的親密與相知程度，男孩與男孩間不會看得
太重，女孩與女孩或是一男一女間則較為重視。年輕男孩認為，大學
時期的友誼是同伴情誼與忠誠勝於情感上的親密或自我探索。

某些男女在大學期間所建立的友誼深邃且持久，至成人期仍持
續不斷。這些朋友通常是經由大學生活中的共同體驗建立起情感，直
到成年期仍持續其經驗分享，同時他們也會經由共同探索與彼此相關
之重要個人議題而益形親密。

但是多數人在大學時期建立的友誼，大學畢業便結束了。不論
如何，在交友的過程中，大學生仍會對友誼此一概念形塑出重要之看
法與價值觀。此一時期所產生的友誼，係日後是否能成為生死之交的
基礎。大學時期是學習如何作重要之長遠承諾的階段。

　　回想Jack Kennedy的朋友Lem，就是對友誼深做信諾以豐富其生命價值的範例。

　　從Lem之情感觀照來看，友誼是奉獻的最高形式。他視朋友間的情誼有如盟誓，其最高準則為極度忠誠：「任何情況下都必須支持他。」有人詆毀他的至交時，捍衛他。贊同他的意見。和他並肩作戰。愛其所愛，憎其所惡。需要你的時候，你一定在他身邊。以你的優點去彌補他的缺點，並且接受他的缺點。不以批判的態度對抗他。毫不以對他完全忠貞為恥。藉由這些準則，彼此間恆能維持情感上的忠誠與絕對的信任（Michaelis, 1983, p.185）。

 ## 友誼與大學體驗

　　從高中到大學，之前的友誼可能漸淡，而新的情誼成形。大學生有許多認識朋友或與人建交的管道。如何建立起情感或是會碰到哪些人，視大學生如何營建其大學生活而定。

　　有些大學生寧可與高中時期的朋友同住。於是一展開大學生涯，其立即性的社群接觸便在其掌握之中，但是與住宿相比，其交友範圍便相對地狹窄許多。

　　也有些大學生是成為兄弟會或姐妹會的預備成員，進入一運作良好之友誼體系。這類學生的大學生涯始於許多迎新活動，同時結識眾多兄弟會或姐妹會的成員。然後不論用餐、學習或參與社群活動，都和那些成員在一起。這些預備會員通常會有對其印象良好之學長或

學姐在相互認識後，協助其適應大學生活中的挑戰。兄弟會或姐妹會便是以這種方式促進學長／學姐與學弟／學妹間的情誼。

大學聯誼會（Greek system）便是經由此一方式，確保其成員在陌生的大學環境，獲得建立友誼所需的任何支持。不過這種運作方式也可能使得大學新生的接觸層面，侷限於一特定體系中之成員。

有些學生是住在家裏通勤上學。他們也有機會在課堂上，或是經由參與學生活動而遇到新朋友。不過比起住宿生間之頻繁互動，或是經由正式之兄弟會或姐妹會體系所安排的活動，通勤生顯然需要付出更多心力才能建立起大學中的情誼。

多數大學生碰到新朋友，開始想自其中尋找足以取代其漸行漸遠的舊友誼時，都會經歷一段不確定期。有些人甚至會因結交大學的新朋友而遠離高中學時期的舊友，產生罪惡感。因此他們會試著以電話、通信或是回家時彼此的聯絡等，盡力維繫這前後時期的情誼。不過，要與沒上大學的朋友保持聯絡並不容易。此種自高中時期親近之同儕團體至大學中更個人化之友誼架構，其間的掙扎不容忽視。

有些大學生在高中時期所以不曾發展出較強烈的情誼，原因不一而足。比如說，群性不夠成熟，便可能被高中同學排除在外。聰明而重課業勝於交友的學生，也很難打進高中同學的圈子裏。或者是，在高中晚期才搬家到某一城鎮的學生，也同樣很難深入和同學交往。

這類學生可以在大學時期重新建立其人際關係。一般說來，大學所匯聚的份子比高中生更注重學習，他們之個人與社群生活上的轉變相當類似。大學生活中之理念交流與經驗分享，係形成友誼之豐富脈絡。此外，多數大學男女在形成友誼之社群與知性上技巧更趨成

　　熟，與高中時期相比，可以更成熟之心態開展相互性之尊重與關懷的友誼。

　　儘管大學生的交友技巧更為成熟，仍可能在友誼的追求上遇到一些困難。最大的困境之一，即是背叛的經驗。維護朋友的私密便是一種新的體驗，許多年輕人都無法作到。說謊或是把朋友的秘密告訴別人，也是大學生常遇到的問題，因而會讓他們覺得自己所信賴的人並不可靠。甚至於，有時即使有心忠誠或支持朋友，也可能在壓力下作出欺騙或背叛朋友的行為。

　　友誼關係中的行為與角色探索及建立個人價值相關。有些年輕人認為友誼中的忠誠與坦誠，遠比個人成就或社會地位等其他價值重要。但是也有些年輕人認為，友誼的忠誠度固然重要，若因而與個人之成功或認知相衝突，他們並不願意放棄後者。在舊雨、新知的形成過程，大學生開始得對廣泛之道德或倫理行為進行判斷，而發現很少友誼之高尚與率性是如同其所預期的。

　　有時候，大學生會陷入自我欺騙的情境以建立友誼。像是為了贏取某人的友誼而營造假象，久而久之便自以為真具有該假象之特質或價值觀。此一過程會使認同形成之確實進展脫離常軌，使得某些人為了博取他人的認同而否定了自己的真正面貌。

　　姑且不論孰輕孰重，最起碼，在大學中之交友過程，與能否在大學中找到幾個至死不渝的朋友，其重要性是不相上下的。大學生會經由交友而更加瞭解自己。他們開始讓自己的價值觀接受考驗，並且得知將融入其成人生活之同儕團體的特質。不論是諸如：背叛、不誠實或自我欺騙等負面經驗，或是忠誠、開放與支持的正面體驗，年輕人都因而更能面對隨之而來之成人世界中的真相。

友誼與認同形成

　　一位在新英格蘭一所小型文學院就讀的學生描述與其最親近之大學同學間的友誼特質，以及她如何敞開自己在親密的友誼中接受自省，因而在自我覺察與個人成長中獲得長足進展的過程。

> 大四時我和在柏克夏（Berkshire，位於英格蘭南部）以及其他地方所認識的人都交誼深厚，和Lisa尤其相契。她關心我的想法，縱使對我的某些感覺無法認同，也絕不採攻擊態度，而只是問問題。她的問題讓我不得不自省，或是再次衡量自己所曾有過的想法。我們經常交談，談及在Berkshire畢業後，以及自己和周遭的人身邊所發生的事。（Goethals and Klos, 1986, p. 234）

　　許多研究都認為友誼之形成與個人認同相關。剛開始，友誼似乎是以鄰近為基礎。住在同一層樓或同寢室的學生先成為朋友。但是經過幾個月以後，擁有共同價值觀的人便會相互吸引，而不論其是否住在附近了。有些學生開始發現其他與其掙扎於相同問題，而又抱持相似價值觀的人。

　　大學女生所面對的主要價值衝突之一是職業、婚姻與家庭生活目標間的抉擇。眾所周知的，多數已婚女性同時也是職業婦女。如果決定以高標準追求職場上的成就或是進入高競爭的領域，伴隨而來的通常是晚婚或婚後不要孩子。若是對婚姻或家庭生活抱持較傳統價值的婦女，在選擇職業時便會傾向於以教書、房地產或社會服務等為優先考量，以兼顧其家庭生活價值觀。

　　大學女生所要尋覓的便是能幫其解決這類衝突，並支持其最終抉擇的朋友。如果選擇的是像電腦、工程、數學或財經等傳統上以男性爲主導的主修科目或職業生涯，朋友的角色便更加重要。這類女性需要能鼓勵其生涯導向之男性或女性朋友。其男性朋友必須能支持妻子可追求職場生涯的想法。其男性或女性朋友都必須對這種追求生涯規劃的優點及所可獲得的滿足，抱持肯定看法。也就是說，想掙脫傳統包袱的女孩，必須找到能幫其抗拒遵循傳統價值之社會壓力的朋友。

 # 年輕男女間的友誼

　　一般來說，女性間的友誼與男性間的友誼比起來，較爲坦誠與親密。究其原因，部分是孩提時期所灌輸的觀念所致。我們的文化非常重視女孩或婦女間人際關係發展的技巧，因而年輕女孩對親密關係的形成與維持技巧較爲嫻熟。許多年輕男孩便覺得與年輕女孩更容易溝通，也比跟男孩交往親密，而樂在其中。

　　或許你很難瞭解自己的子女如何能跟異性有親密的友誼。多數成人的成長背景係異性間不可能純交友的年代。那時候，男女間可能約會、固定交往、訂婚至結婚；但是不太可能只是朋友。然而，如今的大學環境，男女可以同住一幢宿舍，上科學課時同組作實驗，在相同的社團活動，以及共同進行堂上的計畫。年輕男女可以在校外租屋共住，週末一起出去玩，或是一起開車長途旅行，而彼此間只是朋友關係。

　　這種友誼好處多多。在今天的職場上，男女經常需處於合作狀

態。大學便是讓男女學生學習如何尊重彼此能力及有效地一起合作的良好環境。經由交友，年輕男女也得以扭轉其對男女行為之刻板印象。女孩會發現，男孩可以是一股助力而且善體人意。男孩也會發現，女孩具有解決問題的技巧。大學男女間的良好互動，有助於讓我們經由子女，對兩性關係抱持更開放的看法。

 # 寂寞

大學為開展人際關係帶來新機，同時也帶來孤立和寂寞的新體驗。許多大學生都是離開其在家時之舒適與親密的支持體系，前往新的環境。也有些和高中畢業即就業或服役的老朋友斷了聯繫，因此大學時期的頭幾個星期或頭幾個月，很可能令人深感孤立與寂寞。由於大學生通常是懷著正面的期望來面對進入大學的變化，根本沒想到會產生任何失根或失落的感覺，意識到這類情緒時便格外強烈。

寂寞是大學生活中的一般性經驗。隨時隨地都有大約25%的大學生覺得格外寂寞。這種感覺在當新鮮人的頭一年裡尤其顯著，因為高中生活的結構，與要求自主的大學生涯間，是相當強烈的對比。這種感覺甚至可以持續到大學畢業。要成為獨立的個體，便已預期能與他人分離。年輕人一旦能發現其一己之獨特性，便時而覺得，沒有人能真正瞭解自己。

或許你還會發現，當兒子或女兒離家上大學時，「你」也常常覺得寂寞。你懷念所愛的人，想念以往的朝夕相處。親子關係越自主，你和孩子便隔得越遠，於是你會渴望能回到從前，縮短彼此間的距離。

寂寞可以分為三類：暫時性的（transient）、情境式的（situational）以及長期的（chronic）（Meer, 1985）。

暫時性的寂寞為時短暫，然後就過去了。大學生可能在朋友外出約會，只有他一個人在宿舍中時有這種感覺。或者是，討論時唯一該發言的；班上唯一的黑人學生；或是一個人在大而空蕩蕩的體育館練習時，也可能產生這種暫時性的寂寞感。

突發的失落感，或是剛搬到一個陌生的城市時，則是容易產生情境式的寂寞。剛上大學，尤其是離家的學子，最容易有這種感覺。人在剛到一個陌生的地方時都會覺得若有所失。剛上大學時的心情也差不多。儘管大學生活有許多嶄新而迷人的面向，失去家庭與社區那種穩定而熟悉的環境，仍會讓多數年輕人感覺到情境式的寂寞。

同樣地，子女不在身邊，父母也會經歷情境式的寂寞。即使孩子上大學在你的規劃之內，孩子離開家後，你仍會覺得寂寞。與其雙方都故作堅強，不如承認寂寞的存在，然後在頭幾個月裏，藉由常打電話、通信以及有空就回家等，幫助彼此減少這種失落感。

長期性的寂寞會持續相當長的時間，而且並非與特定的事件或情境相關。有長期性寂寞感的人仍有其社交活動，只是那些接觸並不足以滿足其所想達到的親密感。這類人似乎不太願意和人交往。長期性寂寞與社會技巧間關係密切。社交技巧較高的人，像是待人和善、溝通技巧強、適當的非口語行為，以及對他人的適當回應等，會使其有較適當之社會性支援，而減低其寂寞感。

孩子沒離家上大學以前，你也許無法理解孩子會有長期性的寂寞。孩子住在家裏的時候，父母通常能提供其所需之社會性支持。到

了大學，孩子會發現想取代由家庭成員及高中時期的朋友所給予的信任與親密，眞是極其困難。

不當的友誼關係，不但會妨礙學生的學業表現，也有害其身心健康。研究顯示群性支持不足的人容易生病。處在堅強群性支持體系的人則比較不容易生病，即使病了，也復原得比較快，而且這種人對生命抱持較爲樂觀的態度。

大學生的人際關係對其如何融入社會環境，扮演著重要的角色。生病的時候，朋友照顧你；錯過某一堂課，幫你要求指派的作業；參加派對、特定的演講或校園演唱會，邀你一起去。是朋友，便會擔心你，提醒你照顧自己。朋友會留意你的心情，不讓你鑽牛角尖或太沮喪。朋友尊重你，支持你作個人認同。他們瞭解你所提出問題的重要性，並且鼓勵你說出心裏的話。能否像在家裏那麼自在而又能圓滿完成大學學業，端賴你如何營建及維持令人滿意的人際關係。

 ## 建議讀物

Bell, R. R. (1981) *Worlds of friendship*. Beverly Hills, CA: Sage.

McGinnis, A. L. (1979). *The friendship factor*. Minneapolis, MN: Augsburg.

Meer, J. (July, 1985). Loneliness. *Psychology Today*, 19, pp. 28-33.

Michaelis, D. (1983). *The best of friends: Profiles of extraordinary friendships*. New York: William Morrow and Co.

6

成為男人與女人

　　高中結束前，多數年輕人都已經從同儕、學校、父母或媒體中對男性或女性的特質有一些刻板印象。但是在大學期間，一個人會開始以更現實而深入的方式，去質疑與理解所謂成為男人或女人的真正意義。

　　就社會的眼光而言，男人是否就意味著強壯、堅強、有攻擊性、感覺遲鈍、獨立、邏輯性思考、以工作為導向而陽剛的？而女人是否就是被動、軟弱、體貼、情緒性、善於表達、依賴性強，而且對別人的需求特別敏感？這些是一般人對男性與女性之性別角色所持的刻板看法。大學生通常會因為覺得其行為應認同於文化上對性別角色之期待而深感壓力。由於此一時期也是發展個人認同的時期，於是他們會開始以個人之情況與社會要求相比較，以期獲致：我是怎樣的人？就文化上對男性或女性的理想而言，我表現得如何？等問題的答案。

　　由於在文化上的刻板印象與個人特質不符，有些人因而想揚棄前者。但是前者往往又是眾望所歸，個人因而不得不略微接受或作些自我調整。性別角色認同便是在社會期望與個人傾向的拉鋸間，經由質疑與自我檢視的過程而形成。年輕人必須在其人格特質以及社會上對男性或女性之行為期許間，反映出其所作調適的程度。

　　社會上的人形形色色，很難確切敘述此一過程究竟如何開展，但是衡量角色認同的過程時，不妨以生物性的性別（biological sex）以及個人之特質與偏好（personal characteristic and preference）兩個面向來考量。

　　以生物上的角度來看，人類分為男性與女性。許多人認為生理上的差別應使得兩性產生行為上差異。對男女所作研究卻顯示，不論

是人格、才能或氣質上，男女間並無顯著差異。除了性徵上的顯著差別外，男女間許多差異都是社會化的結果。

至於人格特質，每個人都可以有其較男性性格、女性性格、或兩者得兼的傾向。性格上的偏好涵括之行為廣泛。社會上對性別角色的規範，包括了：預期男女間如何互動、應該各自擅長於那些面向、如何穿著、以及如何表達自己的感受等等。

有些生理上而言是男性的人強烈傾向於男性特質，有些人的喜好兼及某些男性特質及某些女性特質，也有些人強烈傾向於女性特質。同樣地，有些生理上而言是女性的人強烈傾向於女性特質，有些人的喜好兼及某些女性特質及某些男性特質，也有些人強烈傾向於男性特質。

我們社會的差異性，足以讓上述各類型的人都能營建其滿意的生活風格。形成性別認同的過程，包括了逐漸接受及重視女性或男性特質，而後整合成個人定義之所謂的男人或女人。

現在的學生比起四十年前的學生更能接受對個人之性別角色的質疑過程。他們會公開討論性別的特質。而和以往相比，今日的學子對於男性或女性的圖像，比較沒有定論。換句話說，以今日的眼光來看，對於所謂的適當行為，不論男女都抱持著較為寬容的態度。於是個人更勇於表達自己，同時也在允許的範圍內，認可人們以可行的方式去發揮其喜好、傾向及需求。

但是在兒童與青少年時期，卻仍須受制於對男女行為應有之刻板理念。許多年輕男孩學的是應堅強而不情緒性化、必須自行解決問題、不能因人際關係上的挫折或痛苦而顯得軟弱。男人必須關心別

人，而不需要別人關心。

　　事實上，如果你有兒子在上大學，有時候，他們也會覺得脆弱或容易受傷害，而渴望受呵護。他們希望別人能注意到他們的感受。當然其中也許有些人不願意承認這類感覺，因為傳統上對男性性別角色的要求便不認可這些脆弱的面向。

　　但是在大學求學期間，年輕男孩會逐漸意識到這類需求是人性的，無關乎男性或女性特質。你的兒子開始理解，他們也需要把內心的深刻感受說出來讓別人瞭解。不論在生理或情緒上，他們都需要獲得肯定與安慰。在此一過程中，他們會更坦然地表達自己的感受，也更能接受他人的照顧與關心。

　　社會對女性的期許也許是她們應對他人的需求相當敏感，但是不需做事果斷，不要表現自己的能力，尤其對年輕男子的吸引力。但是多數的大學女生發現，她們想要有自己的主張、展現其能力、以及擔任領導性角色。縱使不願意表達這些感受，或是認定女人不應該有這類需求，她們仍會由於能夠以勝任而獨立的方式表達自己而受益並覺得滿足。這也是今日大學女生所面對的主要衝突之一。

　　根據一項由美國教育評議會（the American Council on Education）所進行之全國性調查發現，在1989年秋天進入學院或大學就讀的新鮮人當中，有32%的男性認為已婚婦女的活動最好以家庭為主。有20%的女學生認同此一看法（Astin, 1989）。即使是接受女人應有家庭以外工作理念的男女學生，對女性在事業上應投注多少心力一事，亦頗多爭議。有些女性和男人認為，女性在事業上野心勃勃是很不女性化的。許多男女學生都預期女性會在婚後工作，但是只為了提供次要的收入，而非實現對個人具有意義之生涯目標。對大學女生而言，如何

在性別認同的形成上將生涯渴望織入日常生活中，是一個相當重要的問題。

　　大學期間，許多年輕女孩開始瞭解勝任愉快與支配能力是人性的需求，不論男孩或女孩都可以作適當的表達。於是大學女生變得自信、能夠侃侃而談、也勇於在計畫方案或團體中居領導地位。在特定領域中的專業知識與能力日漸成長後，她們對能夠成為有效率的專業人才顯得越發自信。

　　年輕女孩經由家人及朋友形構出其在職業、婚姻與親職上應投注多少心力的想法。如果她們在大學時戀愛，則親密伴侶的態度與價值觀也會影響其看法。無論如何，根據我們的觀察，大學女生並無法完全掌握及解決此一議題。不論是職場、婚姻或家庭生活，她們的經驗都不足以告訴她們應如何回應這諸多生活角色上的需求。

　　孩子上大學時，你可以看出他們會使用各種方法去探索其性別角色認同上的根本要素。有時候你的兒子顯得很「陽剛（macho）」，或是你的女兒回家來時活脫脫是個敢作敢當的郝思嘉（Scarlett O'Hara，小說「飄」的女主角）。或許你會覺得他們誇張了男性或女性特質，也或許，你很滿意於他們的行為。不過也有時候，你可以感覺到他們在猶豫，緊抓著其人格與需求是如何與文化上對性別期望相符的議題，企圖探索在我們的社會中什麼對男人及女人而言才是最重要的。他們的探索，會使得他們在身處其中的文化中，獲致能讓其優游其中之性別角色認同。

　　性別角色認同的探索是在大學的環境中進行，至於可接受之男性或女性特質，在不同的大學其定義亦不相同，此外，也可能因所居住之城市或鄉鎮中，成人間對兩性角色之定義而有所差異。

多數校園都是由小型的次文化學生團體所組成，各有其行為規範與基準。住在某一兄弟或姊妹會的學生，可能被迫有特定的穿著風格，只和特定類型的學生約會，或者必須表達共同之態度及價值觀。住在同一宿舍、屬於同一學生社團或運動團隊的學生，也可能有類似的壓力。

有時候，你的兒女或許對這類期望或限制適應良好。但是如果他們想表達自己的主張，或正處於探索階段，便會對這些期望不耐煩。在大學的四、五年間，學生會質疑其所處的團體，或是在其檢視及建構自己的性別角色認同時，從一個社團換到另一個社團。這些壓力沒啥不好。大學生可以經由這些過程逐漸瞭解自己及所置身的文化，並藉此建構出能在自我與文化中怡然自處的方法。

大學生活的諸多體驗有助於孩子釐清其性別角色認同。舉例來說，其心理學、教育學或兒童發展課程中，也許要求他們要在托兒所或學前教育機構中照顧嬰兒、學步期幼兒或是年紀再稍大的幼兒。這類經驗便能讓其有機會開展如何養育、觀察及有效與幼兒溝通的技巧。

這類經驗有助於年輕男女瞭解親職工作之複雜需求，並幫其界定自己是否有成為教師或其他以照顧為務之工作的潛能。如果處身在一個鼓勵個人能滿足他人需求，以及鼓勵發揮個人之領導能力與負責任的領域，則不論男女學生都能就一般對性別之刻板印象，檢視其一己之才能與感受。

不論男女學生，要能渡過愉快的大學生涯，必須能克服許多情境中對性別之刻板印象。比方說，某些課程要求高度競爭；有些課程要求團體合作及高度的團隊精神；有些教師期望學生果斷，而且只注

意勇於發言的學生。如果是在學生性組織、宿舍、或是兄弟會或姊妹
會中居領袖地位的學生，則不但要對他人的需求反應靈敏，還要能明
白自己的主張，並負責引導其他人。想要有效達到上述要求，必須學
習如何運用對情境最合適之人際間技巧與個人資源。其性別角色定義
必須有足夠之彈性以發展各種社群策略。有時候，學生會認為無須因
性別而限制了其人際間的互動關係。

回顧到1950年代，其男性或女性之生活圖像相當清楚，尤以中
產階級為然。丈夫通常就是要負擔家計的人；而妻子是家庭主婦或母
親的角色，男女應在不同的領域上展現其能力。婦女關心如何助長其
丈夫的事業，並盡力促成。男女通常很年輕就結婚，婚後很快有孩
子，並期待能白頭偕老。1950年代只有少數人有機會上大學。很少人
寧可生活中沒有孩子，也很少人選擇獨身。

時至今日，我們在1990年代所面對的是具有更多選擇的世界。
各式各樣之生活型態，既可滿足個人需求，兼具社會認可。

當然還是有些人選擇類似於1950年代之生活風格，主張男女有
別之傳統分野。不過那種人畢竟只是少數，而且那種生活圖像已經不
再是大多數人所遵循的模式。

大多數的家庭，即使是家有幼兒，也都是夫妻雙方都有工作。
這種有時候也稱為雙收入夫妻的生活方式，使經濟更有保障，但是由
於夫妻的時間都有限，便得花更多心力去平衡各種需求。

今天多數的年輕人大學畢業後，大多先追求事業上的成就，而
延至年近三十或更晚才結婚。這意味著不論男女都想先立業及探索其
才能，即使結了婚，生活重心仍在各自的工作上。他們可能會到了

三、四十歲，彼此已經有時間像夫妻般相處時，才想有孩子。而通常這些年紀較大夫妻所生的孩子，要比年輕母親的孩子健康。顯然父母親在受教育上及其他各方面的優勢，都使得他們比年輕夫妻所生的孩子更有保障。

有了孩子以後，許多婦女會留在家中，等到孩子較大時才回到工作崗位。也有些婦女是在孩子出生不久便開始工作，而後藉著丈夫及專業托兒的協助，盡力平衡工作與家庭生活上的需求。還有些婦女是在孩子還小的時候，修正其工作性質為延長在家中工作的時間或轉為兼職。為適應不同需求，使得想兼顧工作與親職的母親能有更大的工作彈性，許多公司亦開始作調整。同時有越來越多的男人肯分擔較多的育兒責任。

當然，也有些是在大學時期或是一畢業後就結婚的。這些人便在其婚姻生活中，融入其工作與家庭，並試著在兩者間取得平衡。此外，也有許多年輕人選擇獨身，其中有些人願意未婚而有孩子，有些人選擇與同性的伴侶共同生活，也有人是與異性同居，但是不願意結婚。高離婚率的結果則是造就了許多單親家庭。

這種種不同的生活型態反映的是一個多變的社會，其中允許個人更自由地表達與實現其需求。為適應更多的個體性差異，性別角色已重作調整，使得社會能更加善用男人與女人的才能，同時也減少以負面標籤歸類少數人，以免其無法完全融入社群。

大學畢業後，在婚前或選定生活伴侶前，不論是採取何種生活方式的人，其最重要之進展皆為，能否找得到驗證個人之選擇與努力的支持性社會網絡。不論是追求事業、結婚或保持單身、生養孩子或不要孩子、選定事業雄心或家庭生活的優先順序、或者是與男同志或

女同志建立親密關係等種種對個人而言的個人重要決定，朋友、同事及鄰居都扮演了重要的角色。知道別人都努力想瞭解自己，想幫自己營建有意義的生活方式，會讓個人有充分的安全意識，而願意盡力去發揮個人所長。

一旦個人決定了其親密的生活伴侶，面對生命中的重要抉擇時，該伴侶不論持支持或反對意見，都是最有力的聲音。所有為探索性別角色認同所作的努力，終將用以幫助個人去形成、維持及持續其成人生活中之愛、親密與支持性的人際關係。伴侶間互相體諒與信諾，並願意對家庭、職業、彼此間的個人需求或對方在家庭與個人身心上的成長等付出心力，是伴侶間能夠共同生活的必要條件。

 ## 大學戀情

年輕人如果在大學期間經歷了愛的體驗，則是探索性別角色的一股助力。愛是一種很強烈的人類情緒，它不會飛快而逝，而是會持續幾小時、幾天或幾年。戀愛中的人常常會心煩意亂，作事情時神思不屬，甚至會有不同於往常的行為。他（她）可能坐下來想看點書，卻發現自己滿腦子都是對心上人的綺思幻想，或者是看見所愛的人與別人互動時，心中滿是妒意。如果對方晚一點打電話來或是約會時遲到，便顯得憂心忡忡，一看到對方則立刻眉開眼笑。

這種伴隨著愛而來的強烈而豐沛的情緒，對年輕人而言可能是種新而驚奇的感受。比起有過經驗的高中生，不曾在中學時期有過親密愛戀關係的學生，也許會覺得困惑，或無法承受。即使在高中有過

戀史，新而濃烈的情感也會讓人倍感壓力。尤其是那些秉持情緒內斂信條的年輕人，根本不知如何理解或表達自己這類感受。

　　戀愛會讓人對情感生活的深度與廣度產生新的看法。誠如戀愛時會自然地關心對方，大學期間，對自己的認同也自然會及於一個新的層次。

　　如果因大學的戀情而中斷了中學時期建立的情愛關係，則會是大學生涯早期的一項挑戰。多數大學生在上大學時，仍和高中的男／女朋友認真交往且認為他們的關係會持續下去。他們會常打電話、寫信，以及有假或回家時一起消磨時光。如果情侶也唸同一所大學，則可以天天見面。

　　或許你認識的人當中，就有些是中學時期相戀，爾後在大學時期或大學畢業以後結婚的。不過，這種情形並不常見。一旦學生參與了嶄新、複雜而多變的大學環境，便會結交新朋友，也對自己及未來有了新的看法。本身的改變，很可能也會改變自己對中學伴侶的感覺。

　　如果這種漸行漸遠的情況只發生在其中一方，而非雙方都主動日漸疏離，則會令人困擾，甚至覺得痛苦。剛成為新鮮人時，年輕人會試著在許多變數中，以維持中學戀情作為一種穩定因素。他們會在探索大學生活的種種面貌時，以仍穩定的關係作為安全的避風港，然後告訴自己及其他人，他們仍對之前的伴侶非常忠實，並沒有開始和其他人約會，以避免任何可能的指責。

　　這種人會錯把愛情等同於熟悉與安全感。然後，一旦展開新的戀情，便對揚棄了早期的關係而懷有罪惡感。他們會質疑自己先前情

感的真摯性，否則為什麼幾個月前才對一個人信誓旦旦，現在卻急於發展新的關係？

即使不曾發展新的戀情，大學生也會重新檢討，希望異性如何對待自己，以及想從愛情關係中獲得什麼。他們或許開始對中學時期伴侶的極端依賴感到不耐煩，覺得對方不重視自己的感受，也不打算以坦誠的態度去面對一些重要的想法與感受。他們會覺得，自己只是對方的性對象，而在其他能力上都不受重視，對方不但缺乏自主性，也無意坦誠地對待彼此。

有時候這種中學時期的關係會變得帶有毀滅性，其中一方可能基於任何理由而想控制、利用或駕馭對方。其結果相當磨人，可能使得大學生被接二連三的事件所困擾，而無法專心於學校的課業，或是無法在新的人際關係中展開其社群生活。且由於深陷其中，受困的人看不出問題的癥結所在。這種時候，父母必須試著介入，幫子女更客觀地釐清關係，以及指出事情的走向。父母可以讓子女較為理性地處理事情，讓他們保持冷靜。在這方面，朋友也幫得上忙。

年輕人在認真審視其早期親密關係時，也會學到性別認同的重要部分，因而瞭解自己為了維持親密關係所願意施與受的極限。

身為父母，應該能夠理解結束中學戀情乃是成長中很自然的一部分，也知道其實那種關係並不太可能持久。你甚至可以看得出來，如果執著於維繫那層關係，或是花太多心力在上面，會使得子女無法充份享受及體驗大學生活。

從這個觀點來看，你可以肯定地告訴孩子，發展新的關係是很自然的，結束舊的戀情，並不表示自己不夠成熟，或是沒有能力去建

立持久的親密關係。事實上，能夠去愛以及關心別人，即表示人性中溫柔這種基本能力已經萌芽，儘管不是當初的伴侶，那種能力仍會繼續成長茁壯。

雖然談戀愛並不是必修學分，不會在公告欄或大學的招生簡章中獲得任何資訊，多數學生仍預期其為大學生活的一部分。所以在大學期間，多數年輕男女仍希望能建立親密的愛情關係。對大學生而言，追尋愛情，亦即是在滿足心理上對相互瞭解、親密情感以及身體上的親密等需求。一旦清楚自己的個人認同，孩子還會想要證明他們是具有付出和接受愛的能力。他們想知道，新的自己是否為他人所重視與珍惜。

在情愛關係的脈絡內，大學生除了更能符合他人的需求外，同時也更加瞭解自己。他們會被來自不同家庭背景的同伴所吸引。有些人會關心那些和自己的宗教或政治觀相當不同的人。有些人則是發現其所關心的人，對個人成就與快樂的定義，簡直和自己南轅北轍。儘管多數人最後仍是與在多方面與自己持類似觀點的人結婚，這類接觸仍讓他們能夠深入檢視世界的許多面向。

Andrea對新朋友的各種思考方式饒富興趣：似乎想藉此脫離父母的羽翼而獨立。發生的過程則是，大二那年她認識了一個男人，開始認真交往。Arnold跟她很相像，但是比她有自信。他對她求學的雄心與渴望抱持支持的態度，在她承受壓力或擔心未來的時候，安慰與鼓勵她。「他讓我對自己更有把握，也更有自信和意願去作新的嘗試。能夠有個時時關心你的人是很重要的。他幫助我成長。」（Josselson, 1987, p. 84）

大學期間另一個極大的挑戰是，孩子可能發現其偏好同性的性

伴侶。大約有5%至10%的男人是男同志，而有5%的女人是女同志。此外，有些男人與女人是雙性戀，或者是和同性有過性關係。雖然和以往相比，現在已經比較能公開談論同性戀的議題，承認自己是男同志或女同志的大學生，仍會成為敵視、排斥或譏笑的對象。而許多人也通常是在深刻自我檢視後，才會承認其為男同志或女同志的性導向。有些人則是認知到這種結論後加以否認，並且退出人群。還有些人則是經由同學、教職員的鼓勵，突破其性取向的內心掙扎，而能夠以肯定的方式，與同性伴侶建立親密關係。

年輕人在與人變得親密時，會重新檢視其個人認同上的許多看法。由於關心對方，而願意敞開自己，接受對方對事物的其他想法，除了重新思考自己的信念，彼此的關係越近一層，越需衡量彼此的包容度。從對方那兒學到的越多，對自己的瞭解越深。

最令人振奮的發現是，當你愛上某人，而某人也愛你時，你卻可以作完完全全的自己。大學生在開始與人交往時，往往想形塑出某種討喜的形象。他們試著以不同的風格來引人注意，同時進行其角色探索，然後可能和某個被其此種形象所吸引的人開始交往。不過久而久之，這種遊戲的假象會漸漸變淡。

一旦年輕人對自己及其未來變得更有信心，便會想要儘可能以最忠實的面貌來展現自己。他們希望如何對待自己，便以之對待他人。如果發現某人不但接受而且珍惜這個新的自我時，便會深深地釋放出愛的能量。

就某方面來說，大學生對浪漫戀情的期待，係來自於其固有的價值觀。越是以傳統性別角色上對男女在工作與家庭生活中所應分別扮演的角色所惑的人，越會對愛情懷有憧憬。他們會尋尋覓覓能彌補

其人格特質的另一半，讓戀愛將兩個不完整但互補的個體湊成一個完整的圓。

相形之下，對性別角色持平等價值觀的年輕男女，則比較強調以信任與相互瞭解作為愛的礎石。除了肉體上的親密關係，他們也尋覓相互扶持與鼓勵的精神相屬。他們不相信意亂情迷，而是預期能有一個高度開放與坦誠的親密伴侶。

我們很難預測大學中的愛情關係是否會走向婚姻。多數學生並不想在上大學時結婚。準備唸研究所的學生，通常也不會大學一畢業就結婚。所以即使是很親密的關係，而且一對戀人也深愛對方，但是彼此並不打算結婚。

所以最平和的心態，是把戀情當作是個人能否對親密關係作出承諾的一種能力上的探索。大學時期是年輕人發展一種新的自主意識的時期。他們自己作許多決定，練習自己作判斷，並提出自己的主張和意見。除了墜入情網與維持愛情關係外，年輕男女還必須探索親密關係中的許多面向。像是探究自己究竟願意向對方坦誠到何種程度；為了協助或支持對方，願意犧牲或延後那些計畫；從愛情中獲得何種喜悅，以及願意如何讓對方快樂。在雙方試著調整自己以及對方的需求與渴望，以期彼此的關係更和諧時，同時也就在探索對方的能量。新的獨立意識，不見得會同時將雙方的關係帶入一個新的層次。一對戀人在大學時期能夠達到何種親密層次，視雙方對獨立自主的需求及於何種滿意度，以及各自能獨立自主後，願意為令人滿意的親密關係作何種程度的調整。

年輕男女面臨許多相同的挑戰，其中有些顯然和建立親密關係相關。不論男女都必須思索以下問題，以瞭解何謂對關係作出承諾：

為持續此一關係，必須放棄什麼？他們願意這麼做嗎？他們期望親密伴侶如何對待自己？他們是否以伴侶的成功與成就為豪為樂？對方是否抱持相同的態度？碰到困難時，即使對方無法付出，自己仍願支持對方嗎？自己處於困境時，對方是否也同樣堅定？

除了上述之一般性考量，年輕男性在建立愛情關係上的最大挑戰，在其表達能力與自我表白的程度。以年輕男女來說，男孩不像女孩那麼習慣於談論個人瑣事、探索感受，以及傾聽他人的想法。年輕男孩覺得自己真的已經敞開心房，和女友在個人親密上已經達到了新的層次時，女孩可能只覺得他們的交談仍止於浮面。女孩會想更深入瞭解男孩的個人想法與感受，但是男孩不願意或是作不到。或者是，女孩也期待男友能瞭解其個人想法與感受。這種進一步表露自己的壓力，會威脅到他的獨立自主意識，讓他覺得不自在。

就年輕女孩而言，建立愛情關係的最大挑戰則是如何保有個人認同意識。許多年輕女孩會竭盡所能去迎合其伴侶的需求。她們的言行舉止在在以營造出兩人間的和諧氣氛為依歸。為了取悅男友，她可能心口不一，或是強迫自己作不想作的事，深怕如果堅持自己的主張會被對方拒絕，而企圖將個人認同臣屬於男友的個人認同下。當男友認為一切順遂，而她也很快樂時，她卻覺得自己在這兩人關係中日漸孤立。

父母在扮演與孩子情愛關係相關的角色時，必須非常小心。多數大學年紀的孩子心裏會希望父母能贊同其戀愛對象，但是不見得會公開徵求你的同意。如果父母過於熱心，戀愛中的人或許會將其解讀為必須結婚的壓力，而以冷卻這段情感作為回應。同樣地，過多批評也會促使兩人更加堅定，為免被拆散而作下超乎預期的承諾。相信父母都不希望孩子祇是為了反抗而結婚。因此，最好的反應是對孩子的

戀愛對象採中立立場，不要太過或不及。

　　此外，身爲父母，在孩子一段戀情告終時，你還得扮演其他角色。談戀愛時，付出的越多，結束時失落感越重。父母這時候最想作的，通常就是保護孩子不受痛苦的折磨。不過，換個角度來看，如果孩子能體驗愛情中的成熟感受，當親密的的關係結束時，便越能承受因此而來的憂傷。

　　體貼的父母，要能適時伸出援手。即使你認爲某段關係應該結束，甚至覺得對方不值得深交，還是必須在孩子的戀情結束時，深刻體會其情緒的困擾。這時候，你必須能靜下心來傾聽，瞭解孩子的感受，等到孩子能理出自己的頭緒時，才說出自己的看法。你可以肯定地讓他們對未來仍抱持樂觀的態度，也可以協助孩子理解，能夠愛，在廣義的人際發展上之重要性。任何體驗關愛或呵護關係的機會，都是一次善良人性的饗宴，讓孩子朝人性的理想更進一步。

 建議讀物

Doyle, J. A. and Paludi, M. A. (1991). *Sex and gender: The human experience*. Dubuque, IA: Wm. C. Brown.

Griffin, C. W., Wirth, M. J., and Wirth, A. G. (1986). *Beyond acceptance: Parents of lesbians and gays talk about their experiences*. Englewood Cliffs, NJ: Prentice-Hall.

Josselson, R. (1987). *Finding herself: Pathways to identity development in women*. San Francisco: Jossey-Bass.

Kimmel, M. S. (Ed.) (1987). *Changing men: New directions in research on men and masculinity*. Newbury Park, CA: Sage.

McGinnis, A. L. (1982). *The romance factor*. San Francisco: Harper and Row.

Perlman, D. and Duck, S. (1987). *Intimate relationships: Development, dynamics, and deterioration*. Newbury Park, CA: Sage.

7

職業的選擇與承諾

　　社會上對職業的需求促使個人需要不斷作自我檢視。大學生必須有機會去分析其能力及興趣，以其長處為榮，並決定是要改進其缺點，或只是習慣於缺點的存在。

　　在形成個人認同的進程上，大學生會對其個人特質及目標變得更有信心。一旦接受了自己在情緒與人際關係上的需求和長處，年輕人便越能對未來的職業立下清楚目標，並對社區作出重大貢獻。工作上的經驗與期許或許在大學或更早的時期便已開始。不過，揆諸當代的美國文化，職業認同上的長遠承諾大都要到後來的成年時期才能完全成形。

 # 終生的職業生涯

　　終生的職業生涯是來自能力上的增進、不同目標，以及對特定工作類型及其相關報償之意義的認知，所持續進行的一系列活動。從這個觀點來看，期待年輕人在十八至廿二之間對職業所作決定能持續到成人時期而不作任何修正，是沒有意義的。就算是以理性而有計畫的方式對個人能力與特定工作角色作了廣泛的研習與分析，該決定仍不太可能持久。

　　隨著人的成長與改變，其對可能性及個人技巧的看法也會隨之改變。此外，人力市場也在持續變化。某些工作被淘汰，而新的工作孳生。大學生必須學習從終生的觀點（a life-span perspective）去檢視其大學時期所作之生涯決定。他們必須瞭解，他們所作的選擇只是一個開端，是進入職場的起步。他們必須以所受的大學教育，學習如何使用資源、評估訊息以及提出適當的問題，才能在生命的每一階段

修正其決定。剛開始，大學生一定很難接受這種觀點，而急於在職場上證明其能力及信用。

父母的生命觀當然比孩子長遠，也能在鼓勵孩子對職業採取長遠的看法上，給予很大的協助。年輕人在大學時期，似乎都會對職業憂心忡忡，擔心是否選對主修科目，課業上的表現夠不夠優異，以及畢業後能否找到工作。

此時已在職場多年的父母，便可以在孩子對未來惶惶然時提出你的看法。父母很清楚，大學教育對孩子的幫助是多方面的，不只是找工作而已。大學時期就發展個人認同意識、成熟的性別角色、友誼，政治、科學與科技觀，文化上的鑑賞與表達，以及如何改善個人、家庭及下一代的生活等，都扮演著重要的角色。能夠認知到上述種種，便能鼓勵孩子充份探索與運用大學環境，並讓孩子對大學教育之價值，抱持最全方位的看法。

 ## 選擇主修科目

想從任何大學或學院畢業，必須先完成主修領域中的課業，及某些一般性的教育要求。主修科目是由教務部門的教職員所設計，分為不同科系。詳細資料可查校方目錄，其中並規定各科系及畢業生所應修習的學分。

主修科目係依各科系目前之需求所設計的。研習任何課程，主要目的都在讓學生對該領域有一深入的認識及必要的體驗，以熟悉研究方法、知識，及／或運用在該領域的創見，以瞭解目前在該領域中

的論辯與新觀點。許多領域主修課程都包括一些知識上的實際應用，例如，實習、研究見習、規劃好的田野實習，或是在實驗室中作實驗等等。

主修科目可能讓學生傾向於某一專業，但是並不等同於職業。像是教學、護理及工程等科目，在學生所修的課程與其在畢業後所希望從事的專業領域間，便有相當緊密的連結。這類型的領域中，學生畢業時可獲得能直接從事該領域中工作的學位、證書或執照。不過，並不是所有獲得專業執照或證書的畢業生，都會選擇進入該場域。並非所有主修教育的學生都會成為老師，主修工程的，也不見得全都成了工程師。

多數情形下，主修職業的選擇間彈性極大。比方說，學生若主修哲學，其對問題之邏輯性分析、審慎評估不同論點，及質疑倫理與價值觀之基本議題等的能力，即是日後進入諸多專業領域的一個好的起步。主修哲學的學生也許會轉而鑽研法律、商業、人際關係或國際事務，也或許，繼續唸哲學的碩士或博士學位。主修哲學，並不等於想要成為哲學家。

多數學生並不確定其主修科目

某些學生在上大學時已認定其主修科目及將來將從事的行業。這種篤定讓人覺得心安。相對於那些還沒有決定主修科目的學生，這類學生顯得自信而有把握。有些學生上大學時還不清楚自己想走的方向，他們期望能在大學裏試試身手，發掘新的才能與能力。

這兩類學生爾後都可能有所改變。以俄亥俄（Ohio）州州立大

學爲例，55-70%的新生會在第一年內改變其主修科目。一般說來，大學生在大學期間至少會變更三次主修科目。不論是父母或子女都應坦然面對這種改變及目標上的檢視。這在進一步之認同探索上是一種可預期且必經之過程。

有些大型的研究性大學可以提供一百個以上的學系給學生選擇，有的科系還可以有三至四個副修科目。舉例來說，俄亥俄州州立大學的社會學系，可以修刑事審判（criminal justice）、人口統計或家庭社會學。並非每所大學都能提供這麼多的選擇。不過大致說來，大學比高中所能修習的專業領域更多且廣。

此外，學生也會看到在不同領域中的兩性角色模式。比如說，可能有男性在家政、藝術與舞蹈等視爲女性的場域教學或指導學生作研究。或者是，在工程、財經與物理等傳統上爲男性擅長的領域，有女性教學或指導學生作研究。教職員的角色可以展示兩性角色的新機會，肯定學生所剛形成的理念，使得原先受困於性別角色而不敢嘗試某些類別的學生，敢於追求其興趣。

學生在探索大學環境的資源時，既可發掘新的興趣，亦可檢視其先前之喜好。多數大學生在頭兩年都需要修一些通識課程。在此一吸收新觀念的期間，學生很可能發掘出新的才能與興趣。

開始即對主修科目及未來志業胸有成竹的學生，會在深入瞭解其所選擇領域的真實面貌，發現更多的才能與興趣，以及在接觸到未知的新場域時，經歷其質疑與不確定期。這種不確定性或許帶來不安，卻很有價值。

舉個認定自己會主修電腦，並進入電腦領域的大學生爲例。她

所以有這種念頭，起因於中學時期的電腦課。她的父母、老師、及中學的指導老師都支持她這種決定。以市場導向來看，電腦業亦是生機蓬勃。不過，大二時她選修了工業設計課程。起初，她修課只是爲了湊學分。但是課程的吸引力，讓她經由完成課程作業而獲得極大的滿足感。老師建議她在下學期修進階的工業設計課程，以進一步探索此一領域。

這時她不但開始作自我評估，也重新衡量眼前的生涯規劃。突然間，她認爲已經認定的事情和作好的決定，重新攤了開來，讓她在重行考慮主修科目時，亦重新評估其個人價值、能力及目標。每個人都想掌握自己的命運。這在認同形成的過程，或如何選定想要的職業生涯來說，都是一個關鍵因素。如何在面對各種可能性時作決定，可以強化個人的能力。往後她很可能會遇到類似的狀況，有過這種歷練，以後面對選擇時，她將更能依自己的認同去作決定。

上大學時仍未決定其主修科目或職業目標的學生，也會經歷一段如何作決定的掙扎期。攤在這些學生面前的是許多選擇及可能性。不過在大學期間，並沒有時間去檢驗所有的主修或副修科目。

於是這類學生在大學的頭兩年必須積極蒐集與評估各種訊息。許多大學會在大一時開生涯規劃課程，或就該主題提供許多相關資料。學生除了儘量從課程中擷取新知，也會從朋友、認識的人、輔導人員或家中收集資料。他們可能會經由電腦程式或從圖書館獲得的資料來源自行探索，或到校方的職業諮商中心作性向或能力測驗，然後依測驗結果來幫自己作決定。或者是，從指導教授那兒瞭解自己是否有能力在特定的領域中揮灑。依學生個人狀況所作的個別指導，對其所作決定亦有很大影響。

以上述方式善用校際資源的大學生，會在廣泛的探索中經歷許多體驗。一旦決定主修科目，會以健全的心態對各科進行探索，並且覺得自己在決定主修科目前，已然滿足了對許多領域的好奇心。

不論是認定主修後來又改變心意，或是以多方探索為起步的學生，都會經歷大量接觸資訊而後作決定的過程。他們會以某一學術知識及其相關職業為基礎，和新孳生的理念作比較。此一重要的心理歷程，若能發揮到極致，便能在往後的工作上作最適當的決定。

有些學生難於作決定

選定主修科目的過程中，最難的部分是若選定某一領域，便得放棄其他的。這對某些學生來說實在很難取捨，於是每當想更投入於某一領域，他們便開始擔心得放棄其他領域，深怕作了某一抉擇，將來可能便得放棄其他方面的發展。而所有抉擇中，並沒有那一門學科，會令其渴望到願意全心投入的地步。這種思考模式會使得他們經常變換主修科目。但是不投入便無法深入，因而沒有足夠的信心去獲得特定領域之專業知識，使得學業上的進展受到相當限制。

無法選定並完成某一主修科目的指定課程便無法畢業。不論已修完多少學分，終須專注於某一領域之學習計畫及完成其指定要求。每一主修科目都有其一系列的課程，各科系不同。如果一再變換主修課程，便不太可能在限定的時間內完成學位。遲遲不作決定的學生，即使課業成績優秀，由於一再變換學習領域而很難在獲得學位方面有任何進展。

父母必須留意孩子係穩定地在作智性上探索，或是根本就很難

作出重要決定。如果認爲孩子正焦慮地困在一堆取捨之間，應適時介入。趁此機會，你應該和孩子詳談與選擇主修相關之決定過程。仔細傾聽並試著瞭解爲什麼孩子無法作出取捨。理解孩子的困境後，便能判斷問題究竟是出在大學或孩子身上，或者是兩者兼而有之。

有時候，孩子的難處來自於其想選擇之主修或大學的結構面上。舉例來說，有些科系只接受已修完規定之先修課程且成績優異的學生。如果錯過先修課程，或是成績不夠理想，便得延後申請，甚至會爲校方所拒絕。在此情況下，你應和孩子的導師、系主任、或是負責該系之入學許可的人進行會談，讓孩子清楚瞭解想符合系上之入學許可需達到那些要求，以及如果做不到時，有什麼其他選擇。

也或許，孩子之難以取捨來自於其對某一領域缺乏信心。如果是這種情況，則應與教務或生涯規劃的輔導人員進行諮商。對學生之生涯發展方面問題訓練有素的職員，能評估孩子的能力與興趣，告訴你孩子所選擇的領域，是否能提供客觀上的支援。輔導人員也能幫孩子界定相關之性向，或幫其堅定信念，讓其有信心去選定主修課程。

此外，你還可以經由與孩子的對話，判斷其是否已作好準備去針對大學課程之要求作必要的努力。心態上是否已作好求學的準備，因人而異。有些學生就是無法在大學修業年限內作出必要的決定。有些學生會先行休學，以清楚自己追求的目標。他們會在更瞭解工作領域中的實際情形及其要求後，以珍惜的態度回到學校，堅定地完成學位。即使休學像是種偏激的選擇，爲能作出複雜的決定，有時候，先讓其認定目標、求取經驗與獲得信心，亦不失爲絕妙方式。

選擇職業

選擇主修與選擇職業是相關但並不完全相同的決定。以選定主修作為選擇職業的暖身,未嘗不可。不過,選定主修只是一個較小的決定,不像選定職業般有其長遠影響。多數的職業都可以不同的教育途徑做基礎。想在大學畢業後研習法律的學生,可以不同之先修課程申請學校。同樣地,以社會服務為職志的學生,在大學裏也可以先行接觸不同的領域。

學生選定主修課程,只是在作一項二至三年的學習承諾,並不需要先去考慮薪水、工作條件、升遷或進修及退休福利等事情,或者是考慮主修課程中針對未來社群或家庭生活的要求,也不必擔心以後是否得常出差、科技進展是否過於快速,或者是在未來的十到廿年間,其主修科目的優勢是否產生任何變化。

大學生通常是在大二結束時選定其主修課程。對未來的期待,也許早在孩子還在牙牙學語的時候即已萌芽,而開始幻想將來長大後要作什麼。但是對大學生而言,未到選擇主修課程時候,他們通常不會認真地開始去把這件事情想個清楚。有時候要到大三、大四之際,才會作出一些重要決定。

我們可以視職業為個人運用其才能與技巧所累積之工作經驗。比方說,藝術家的生涯便可以包含多種媒介,例如,油畫、雕刻、陶藝、素描、拼貼、水彩、筆及炭彩。藝術家可以邊教學,邊作展覽,同時把部分時間花在創作上。其生涯並不是由使用的媒介、某項計畫或其工作主題來定義,而是經由其生活中之所有活動,將其獨特之才能及目標表現出來。

　　廣義來說，只要是一種持續性的工作，職業生涯便不曾中斷。工作的變換亦然。現代社會中，多數人一生中通常要變換五至七次職業。工作生涯並不是由工作場所、組織或職業來決定，而是以個人對不同工作間之意義來認知。這種相關性的工作會強化個人之能力，而達成重要的生活目標。個人認同是能使所有相關性的工作具有意義的基本架構。

影響職業決定的因素

　　大學生認為考慮職業時，個人的興趣、能力、態度與期望是最重要的因素。因而在選擇職業時，最常見的方式是以個人的才能、興趣和技巧，試著去符合特定類型工作的要求與需求。經由大學生涯中之課程上及其他方面的經驗，學生會對自己的才能與興趣變得更有信心。評估個人能力的方式，是和同儕作比較，並測試自己能否達到教授所設立的標準。同時，他們也開始瞭解，那種類型的工作與活動會讓自己全力參與，那種類型的工作則只會讓人覺得沉悶或產生焦慮。

　　經由上述種種徵兆，學生能夠判斷其能否在特定領域獲得成功，以及自己是否有動機及渴望去獲致成功，他們因而可能認為，作生涯決定時，只要考慮能力上的勝任愉快、興趣和動機。

　　其實除了個人能力、興趣及動機外，至少還有五個會影響職業決定的因素，（O'Neil, Ohlde & Tollefson, et al., 1980），即是家庭、環境機遇（chance situations）、社會、社會階級和人格。父母可以幫孩子以更實際的觀點，宏觀地衡量會影響其決定的所有因素。有時候，孩子也許不夠重視某些因素的重要性。但是也有時候，某些因素卻佔了過多比重，使得你想勸孩子認清其實際之份量。

　　家庭因素。職業選擇受家庭因素影響。大學生會在選擇職業時擷取孩童時期的經驗。他們會回想起自己特別滿意的計畫或活動。或者是，其所培養的技巧或特殊興趣，成了日後職業生涯的基礎。還有些孩子，其對工作之最原始印象即來自於協助父母所從事的工作。

　　孩子會以觀察的角度來審視其父母，尤其是他們的工作態度。你對工作滿不滿意，你的成就，以及其他家庭成員、社區及孩子的同儕如何看待你的工作等，都是一片拼圖的一部分，年輕人面對自己的職業抉擇時，來自家庭的價值觀便浮現出來。

　　家庭價值與渴望對孩子的影響因人而異。有些孩子上大學的主要目的，便是要實現父母的夢想。比方說，有的學生只想唸商，因為父母送他上大學就是為了能讓他成為會計師，他無法接受任何其他選擇。如果他無法進會計系，會計課程的表現不夠好，或者是根本不喜歡會計，便會覺得自己上大學的目的蕩然無存。父母應讓孩子清楚瞭解你的期望，必要時，讓他們掙脫不切實際的要求。

　　孩子會受父母的工作態度所影響。如果母親在外工作，孩子似乎比較不會對職業生涯有刻板印象。母親是職業婦女的孩子，不論男女，都對女性應追求其事業抱持較支持的態度，而母親是職業婦女的女孩，也比較願意考慮非傳統性的職業。

　　對家庭生活的價值觀也會影響職業抉擇。尤其是具有強烈傳統家庭價值、想要結婚生子的女孩，會比較喜歡有彈性上班時間的工作。不以婚姻與養育孩子為價值中心的女孩，則比較可能廣泛探索職業上的各種可能性，即使是那些傳統上以男性為主導的領域。

　　情境因素。儘管學生會儘可能降低機會在選擇職業時所佔的比

重，此一因素仍或多或少有其重要性。大學期間可能發生一些無法掌控的事件，而對職業抉擇產生影響。

學生如果在校內辦公室找到工作，可能導致其未來就業的新方向。或者是，室友基於其家庭背景或家庭事業的方向，提供工作機會。老師或專業的輔導人員也可能看出學生的潛力而推薦實習機會，或鼓勵學生考研究所以繼續在特定領域作深入研究。凡此種種機會之門，都讓學生有機會嘗試其之前所不曾考慮的抉擇。

不過，有時候機會之門也可能會關上。比如說，教學內容貧乏，或教授心態偏狹，可能會使學生不想在此一領域學習。或者是，某些課程的修習年限會延緩畢業，而使得學生轉攻其他領域。有時候某個教職員對學生之負面評價，也會使學生因而歸論出其並沒有能力去追求該領域上的成就。

考慮到機會對未來職業之一體兩面性影響，父母不免會忠告孩子應小心評估這類因素。假若機會之門是開的，要好好把握機會。如果門關上了，作重要決定時，不要輕易被擊倒。

社會性因素。 學生上大學的歷史脈絡不同。不同時期之社會性因素，對學生選擇職業的方向，有其不同影響。拿以下的實例來說：美國每年有225,000以上的學生從商學院畢業，每年有65,000以上的商學碩士（U.S. Bureau of the Census, 1985）。這表示如今想唸商的學生，不論是大學文憑或主修商業、管理或行政學，競爭都比廿年前激烈。過去只要是大學畢業生，很容易在商學領域謀職。可是如今想在某一領域有所發揮，則得選修相關課程。

此外，許多行業的就業市場是循環性的。舉例來說，現在我們

極缺數學與科學人才。可是在1950年代蘇俄成功發射第一顆尼龐尼克（Sputnik）人造衛星時期，美國想吸引年輕人投入的卻是科學與工程。其結果是1960年代晚期，科學與工程類學生過多，直到1970年代工程市場上仍呈現供過於求現象。過度飽和的結果，是刪減科學訓練預算，如今許多工程、數學及物理學之博士研究生都來自於國外，美國學生不但對數學與物理學領域不感興趣，需要博士級訓練的相關職業，更是乏人問津。但是目前對科學家與工程師的需求日益增加，這些領域其實前程似錦。

學生在考慮未來的出處時，無妨讓其先瞭解就業市場的消長。這麼作旨不在避開於供多於求的領域，因為任何領域無論何時總是有讓優秀人才發揮的空間，而優秀人才從不嫌多。此外，從事某一行業的人數與其市場需求間的關係是經常變動的。不過，先預期畢業後之市場競爭，或是多考慮一些變通之道還是好的，以免畢業時，自己所修習之特定領域中，碰巧無法立即找到合適的工作。

另外該考慮的是就業市場的區域性需求。比方說大學城附近便很難找到小學或中學教職。因為許多教育系的畢業生都想留在城裏，所以申請當地學校體系的人往往多如過江之鯽。反之，如果願意朝外地發展，工作的機會相對增加。

社會經濟因素。 多數學生在考慮未來的職業或就業機會時，並不願意去碰觸社會階級、種族或性別因素等可能帶來的影響。美國憲法極大熔爐的精髓即是堅信就業取決於教育程度與公平競爭，而非社會階級結構。法律上也禁止用人時有種族、信仰、性別、倫理或年紀上的歧視。不過不容諱言的，如果歧視不存在，也就不必立法來保護了。

　　社會經濟背景變項對選定職業的影響，有其細微與明顯層面。細微面係指學生個人對不同就業市場之消長的認知。舉例來說，藥劑業的就業機會非常好，但是很少人願意鑽研此一領域。同樣地，雖然現在有許多女孩唸商學系，卻很少人選讀財經，該領域之女性教職員亦不多見。學生在作取捨時，會由於缺乏可以認同的對象，而間接影響其決定。

　　在社會經濟變項對選定職業的諸多影響中，最明顯的一項可能即是費用。舉例來說，學醫就很花錢，唸完學士學位後，還得唸四、五年的醫學院。許多醫學院的學生完成學位後的負債約為五到六萬美元或更多的助學貸款，而且還得先實習好幾年，才能領有開業執照。也就是說，能獨當一面地執業前，可能已經三十好幾了。大學畢業後還確實需要財務支援的，醫學院只是其中之一。

　　來自低收入家庭的學生，直覺地不願意選擇在大學畢業後還會延遲其賺錢時機的職業，也不願以有限的經濟能力，冒得償還大筆個人貸款的風險，因為誰也不知道將來投入就業市場後，有多少能力來償還舊債。

　　就這一點而言，重要的是提醒孩子在考量前景時，先仔細衡量各種財務支援的可能性，以減輕教育上的負擔。更重要的是，應鼓勵孩子以其才能與興趣為優先考量，而非僅以經濟因素便抹煞志趣上的追求。

　　心理與情緒因素。職業的選擇也會受個人性格層面的影響。研習的課程不同，面對之特殊要求、衝突與挑戰也不盡相同。學生必須在個人長處與某一領域的要求間找到契合點。職業當然未必與個人特質完全相符，不過某些行業對個人的性格特質方面，有其取捨之優先

順序。

　　比方說，外科醫生、運動、表演藝術，或商業中的某些領域，便要求個人能承受極高之競爭壓力，如果學生害怕失敗，或者是作決定時猶豫不決，便很難進入那些領域。原想在這類領域中有所發揮的人，如果發現自己表現得不夠好，便會轉而尋求不需此一要求之相關領域。

　　其他領域，例如，會計、化學及圖書館學，注重的是能否對資訊作系統性而詳細的分析。他們必須以沉穩、細心與耐心的態度去解決問題。耐心不夠或做事明快的學生，可能會排斥這些領域，轉往其他方面發展。

　　大學時期所獲得的種種經驗，有助於確立就業目標。學生在其主修領域鑽研越深，其與實際生活的關係越密切。像是與教授從事某項研究，參與實驗室的實驗，在相關的領域中暑期工讀，參與規劃性之實習或田野調查，或是志願參與和志趣相關的方案等實地經驗，會促成及助長其從事該領域工作的意願。學生常會思考及想像其未來的工作狀況，有時候，實際的經驗會讓其瞭解，或許自己並不適合所想投入的領域。

　　學生也會在選擇職業時，把課堂上所學到的概念應用到真正的問題上。從問題與教科書上解答間的差距，他們真正領會到所學習領域的真實本質，因而更有興趣瞭解問題的細節，因為他們知道真正碰上問題時，所需要的相關知識將遠勝於此。

　　課堂上所學到的原則與理念，與實際上碰到的問題間的差異，會激發學生作更深的探索。當學生覺察到其所學習的領域已在面前展

開來了，他們會抓住能有所發揮的機會。學生發現其能力與興趣可與有價值之工作領域相契合時，如何選定職業便昭然若揭。

 建議讀物

Bolles, R. N. (1990). *The 1990 What color is your parachute?* Berkeley, CA: Ten Speed Press.

Holland, J. (1985). *Making vocational choices: A theory of careers.* Englewood Cliffs, NJ: Prentice-Hall.

Osher, B. and Campbell, S. H. (1987). *The blue-chip graduate: A four year college plan for career success.* Atlanta, GA: Peachtree Publishers.

8

個人與社會問題

本章的目的是在啓發，不在嚇人。談論的範圍包括發生在大學校園中的各類個人與社會問題，而且是常被討論的話題。其中許多問題也許在社區裏已司空見慣，不過，得自行解決，也許是許多大學生的初次體驗。即使你的兒女本身沒有這方面的問題，很可能其朋友、室友或是姊妹會或兄弟會的成員中，有人遇到這類問題，於是他們得設法去照顧那些正面臨嚴重問題的人，或是得爲受困的人尋求協助。

談話時，你或許會發現孩子正被其所觀察到或聽到的事情所困擾，而要求你的建議或協助。基於此一考量，本章將簡短介紹一些學生常遇到的困擾。

多數大學校園都極端重視自主性，因而能夠容忍各式各樣的行爲。有時候，孩子表現出來的不尋常行徑，是不爲家人、社區或工作場合的人所認可的，但是其他學生並不願意主動說出其行爲已超出可忍受的範圍。況且，從十八到廿二歲之轉變期本來就常有一些不太尋常的行爲。大學生活中的此一時期，許多古怪的行止會被合理化爲體驗與個人探索的一部分，而視情緒化、退縮、極端的行徑或叛逆行爲是大學時期的年輕人常有的。有時候，大學生會因是處於極度之不確定或自我定義之快速轉變狀態，而具有強烈認同危機。這種時候，有些大學生還會以爲自己瘋了。

學院及大學都預期許多學生會需要心理性的協助，而雇用可提供不同指導與協助的專業人員。像是宿舍輔導員、財務支援諮詢人員、教學指導、學生社團諮商人員、教練或教職員等，都受過不同之專業訓練，得直接協助學生，或指引學生尋求適當之專業性協助。多數大學都有諮商中心，其專業人員都訓練有素，可察知學生所面臨之一般性社會或情緒上問題，對學生從青少年時期轉入成年期之重大轉變時所可能遇到的困難瞭若指掌，能夠分辨出究竟只是發展過程中所

產生的問題，或者是更嚴重而持久的問題。通常這些服務都是免費的，或是只酌收極少的費用。

除了專業人員的協助外，大學內通常還有各種延伸（outreach）計畫，專為那些不會主動尋求協助的學生而設，像是婦女服務、弱勢學生服務、同性戀服務、殘障服務、生涯規劃與職業介紹計畫，以及透過學生會、宿舍及學生組織所提出之重要社會與情緒性議題，包括：預防自殺方案、預防強暴教育、認識嗑藥與酗酒工作坊、危機熱線以及愛滋病教育等。此外，大部分的大學還會有支援團體和工作坊，協助學生處理諸如：壓力管理、判斷及溝通等個人認同形成與心理健康方面的特殊問題。此外還提供如同性戀、單親家庭、弱勢團體、父母處於離婚階段或其他方面的協助。

即使有上述種種支援，父母親仍是提供孩子支持、訊息及忠告的最重要來源。如果能經常與孩子溝通，便能瞭解你的孩子在適應大學生活的要求及形成個人認同上是否都處理得很好，以及評估孩子在建立獨立性上，如何處理與之相關的衝突與挑戰。如果孩子或其朋友出了問題，你可以幫他們作適當處理，讓他們瞭解問題的嚴重性、如何以有效途徑處理問題、以及如何尋求有效資源等。

有時候，父母的結論是孩子正面臨嚴重的問題而不自知。這會使問題更加棘手。人如果不覺得痛苦，通常不會尋求協助。而堅持要一個不自覺的人去求助，功效並不大。所以如果你認為孩子並不瞭解問題的嚴重性時，不妨強調，其行為已使關心他的人——包括：父母、其他家庭成員、朋友、或是其所鍾愛的某個人，產生負面影響，同時可以指出，該狀況將使其無法達成其生活目標。這兩種方式或許有助於鼓勵其更積極面對問題，或在必要時尋求協助。

憂鬱

憂鬱指的是傷心、失望、爲外界的要求所壓迫、以及感到垂頭喪氣。每個人或多或少會有過憂鬱的感覺，而覺得「憂鬱」、「心情跌到谷底」或覺得「陷入低潮」。正爲憂鬱所苦的人，其症狀包括：憂心忡忡、心情起伏不定、哭泣、食慾不振、難以入眠、疲倦、對任何活動缺乏興趣與樂趣、以及難以專心等等。憂鬱的程度可以從溫和、短時間無精打采，到強烈的罪惡感及沒有價值感、避開人群以及想自殺等等。

大學生很可能出現上述徵狀，其原因不一。通常，大學生會對成功抱著很高的期望，因爲他們往往在中學時期便是班上的佼佼者，背負著其他學生的期望與驕傲。這些來自各方的天之驕子，上了大學才發現和大學裡面其他的人相比，自己實在不怎麼樣，不論是學業、運動、知名度或領導才能方面，都顯得黯然失色。於是有些學生會開始質疑自己在大學同學間的價值。

大學生的課業非常重，有些人也許會發現在短短幾個星期之內就趕不上別人了。於是他們會熬夜、放棄社交活動，或是以較低的標準來完成課業。即使如此，也許還是無法趕上，種種努力仍然無法奏效。這種種的無力感、倦怠、缺乏社交活動、無助、以及表現不符個人標準等體驗，可能匯聚成憂鬱意識。

離家上大學的孩子，遠離了以家爲中心的支援體系，離開了關心他們的家人、親戚與朋友，於是多數新鮮人會有想家或憂鬱的感覺。通常要花上五到六個月，他們才會感覺到大學環境中另一個群性支援系統。對於無法適應大學生活，父母從未就讀過大學，或者是校

園中的少數民族等，其社交生活上的孤立感往往導致憂鬱感。

認同形成過程中，必然會經歷自我檢視與質疑期，而重新檢視個人價值及目標、性別角色、生涯規劃、政治立場及個人特質等基本價值觀。此一質疑過程連帶地會使人對生活意義產生懷疑。此外，課程中的哲學、倫理學、宗教及文學也同樣會探索人類生命意義與目的問題。這種個人性的質疑過程輕則可能導致憂鬱情緒，嚴重時則會產生沉重的絕望感。

除了上述能刺激憂鬱情緒的因素外，還需注意的是，許多大學生根本對憂鬱一知半解。他們不曾經歷過危機、失敗或其他足以產生強烈憂鬱情緒的事件，所以事到臨頭，可能手足無措。他們也許無法重新定義情況，也無法將注意力轉移到能讓其重拾自信的活動上，因而不再能談笑風生、少了幽默感。由於看輕自己，他們反而不肯求助他人，使自己益形孤立，結果憂鬱狀況更嚴重。

不過，也有些大學生在情緒低落時會試行調整，跟那些會鼓勵他們的人談談，或是以其他的積極體驗來平衡自己的失落感，或者是，接受勸告以建立新的技巧或挑戰來克服自己的無力感。還有的人會以所喜愛的音樂、詩篇、電影或體能活動來鼓舞自己。他們會試著重行定義情境，讓事情看起來不那麼糟，也會試著找點樂子，因為他們知道低潮終將過去，不必陷得太深。

如何克服憂鬱的情緒，得依其強度而定。許多學生會積極尋求父母、輔導人員、諮商者、親密朋友或會相扶持的朋友協助，以順利度過憂鬱期。憂鬱其實是一種訊號，提醒個人該以嶄新的觀點去看情境，並且重行檢視自己的目標、優先性及承諾。徵狀輕微的學生可以從短期性的諮商中獲得協助。而有較嚴重或長期憂鬱症狀的學生，則

務必進行深入的心理評估，並遵循專家建議的療程。

 # 自殺

　　美國每年總死亡人數的百分之一來自於自殺。雖然自殺者中以老年人所占的比例最高，十幾廿歲年輕人的自殺率卻年年升高，以此一年齡層的死因來看，自殺居第三高，僅次於意外或殺人（homicide）。

　　自殺通常是由於情緒上深為某種問題所困擾。從此一層面來看，其和憂鬱其實有相當密切的關係。對學生而言，其問題可能來自於成績不夠理想、失戀或受人排斥的羞愧感。年輕人會自殺，通常是已長期地覺得失去所愛、遭到種種挫折或自覺毫無價值，而漸漸相信情況已無法改善，於是這類年輕人寧可捨棄心理治療所能提供之協助，選擇以「死」為解決之道。

　　認為會把自殺掛在嘴上的人便不會傷害自己，是種錯誤的信念。無論何時何地，只要有人談到想自殺或傷害自己，都應該以認真的態度對待。會說出這種話通常是已有過這種念頭，因此對有如此想法的人，應積極鼓勵其接受心理治療。

　　大學生中意圖自殺的人數比真正自殺的人多。男性比較容易自殺得逞，但是女性意圖自殺的比率較高。意圖自殺通常和情緒低落相關，像是摯愛的人剛過世、和情侶激烈爭吵或分手、或者是其他原因造成的嚴重失落感等等。意圖自殺也經常和濫用藥物或酗酒相關，起因是想自殺的人羞於耽溺於酒精或藥物，但是苦於戒不掉。此外，青

少年的意圖自殺率較難確定，因為許多意外事件，尤其是單人駕車出事，往往也被視為意圖自殺。

意圖自殺通常被視為是種求救信號。這種人大都會覺得已和支援團體斷了連結，唯有意圖自殺這種非常手段，才能讓別人注意到自己的絕望狀態。大約有20%到30%意圖自殺的人會再嘗試。因此，以心理治療與社群支援方式涉入是非常重要的步驟。

不論對任何年齡層的人來說，自殺都不是一種尋常手段，而且會對認識死者的人造成極大困擾。大學階段的孩子如果知道有人自殺或意圖自殺，心裏的滋味通常是五味雜陳，包括覺得沒能幫助自殺的人而有罪惡感、對自殺者不肯尋求協助感到生氣與挫折，同時，會因失去一個朋友而悲傷。許多大學生可能是頭一次面對同儕的死亡──突然意識到原來生命也會告一段落。有些學生則可能將自殺理想化為英雄般的行徑，自己也考慮自殺，而需要治療。

無論孩子屬於何種反應，你必須能接受且堅定地告訴孩子，碰上這種情形時，生者往往會表現出相當強烈的情緒。此外，還必須讓孩子瞭解，自殺並不能夠真正解決失敗或失落感的問題。每個人的生命中都會遇上許多問題，認知問題並鼓起勇氣去克服問題，才能建立起生命的尊嚴。年輕人必須相信，其他人能夠瞭解其所面對的掙扎，不論其成功或失敗，都會被接受。

酗酒與濫用藥物

大學時期最常見到的嚴重行為問題，大概就是酗酒與濫用藥物了。人都有想逃避生活挑戰的時候，想對責任視而不見，或者希望有人來替我們解決問題。許多人就是以酗酒或濫用藥物來忘卻生活中的煩憂，讓心智飄浮悠遊在茫然的狀態。然而，大學生如果想在身心上持續成長，終須學會如何面對及克服生活挑戰。不論問題是來自於學業、社交、體能或者是自我認同方面，都需以主動而直接的方式處理。想要藉酗酒或濫用藥物來解決問題是行不通的。

酒是大學生最廣為使用及濫用的藥物。酒是大學文化的一部分。狂飲，亦即是持續而大量地喝上兩三天，是部分大學生認可的取樂方式。某些校園甚至視狂飲為男性的成人禮，是種男子氣概的表徵。喜歡狂歡作樂的學生並不認為狂飲有何危險性，也不認為這種喝法有什麼問題。他們認為這樣的喝法可以證明其對酒的控制力，覺得自己可以想喝就喝，想停就停，控制自如。

然而，密集式的狂飲常導致意外事件，尤其是汽車事故，讓人誤以為是服用了其他藥物，或者是產生怪異行為。有時候，週末狂飲會導致筋疲力盡而干擾學習。酗酒和濫用藥物一樣，都會對身體造成毒害，以致喪失知覺或死亡。

在大學文化中酒的用途廣泛。它是慶典的一部分，體能競賽勝利或畢業典禮上都會用到它。它也是一週結束的標的，常用在週五派對上。它還是兄弟會或姊妹會社交生活的一部分。多數的州目前喝酒的合法年齡是21歲。許多大學及學院對校園內飲酒的限制越來越嚴，但是想要見它從大學文化中消失，恐怕還得等上很長的時間。

酒是中樞神經系統的抑制劑（depressant）。在少量的情況下，可以增進社交功能及讓人放鬆自己。所以許多人喜歡在會見新朋友時喝點酒、放鬆自己，覺得自己能融入群體。同時在大學校園裏，酒也成了熬過低潮期的良伴，像是考壞了、和情侶分手或起爭執、父母離婚而心情低落、或是申請學校等等，都會以酒來解脫。諷刺的是，由於酒是鎮定劑，狂飲後靜下來反而覺得更沮喪，而不是精神振奮。

由於文化上對酒的認可，喝出問題時，反而很難判斷。通常我們會認為一個人得藉酒度日時，可能就有問題了。而酒癮，可能是生理上或心理上的。

喝酒上癮存在著種種危機，其一即是產生抗酒性，也就是說，為達相同效果，必須越喝越多。一旦酗酒，對身體（尤其是肝）的損害，是日積月累的。

另一種危害是酒喝多了會失去控制力、判斷失誤或喪失記憶力。年輕人可能因而打架鬧事、鋌而走險或任意亂花錢。酗酒時出的醜，清醒後還得收拾善後。

還有些學生會失去對酒的控制力，想停時停不下來。他們會在早上時，為了擺脫前一天晚上的宿醉而喝酒。不論是和朋友一起或自己一個人，都能拿起酒瓶，於是無法專心於課業，也對朋友的忠告持漠不關心態度。

濫用其他藥物和酗酒有許多類似的特徵，不過，也有一些明顯的差異。最大的不同是，大學生所使用或濫用的許多藥物如大麻（marijuana）、古柯鹼（cocaine）、迷幻藥（LSD）或是興奮劑（stimulants）都是非法的。所以要購買這些藥物就得冒額外的風險。

學生可能因而得接觸進行交易的中間人或私販，而可能遭到起訴。放眼未來，如果在大學時期有過犯罪記錄，勢必斷送某些就業機會。此外，藥物既然是非法的，品質便難以控制。由於藥物的效力、純度及用量難以預估，非法用藥便伴隨著健康上的風險。

第二個不同點是許多藥物本質上都容易使人上癮，尤其是海洛因、古柯鹼、可待因、鴉片，或者是其萃取物。其生理徵兆是緊繃的，「興奮高潮」之後便是發癮症狀（withdrawal symptoms），讓人想以另一劑來解脫這種不舒服的感覺，於是，自然而然便上了癮。既然藥物昂貴又難取得，上癮的人最費盡心力想作的，便是如何才能維持其嗑藥習慣了。

大學生普遍濫用的，除了酒便是藥，但是酒屬抑制劑，藥則是刺激品，通常是在壓力很大的時候用來保持清醒或警覺，或者是用於減肥；巴比妥酸鹽（barbiturates）通常用於減少焦慮及克服失眠；而像大麻等迷幻藥，則是用以改變或強化感官體驗。

不論是服用哪種藥物，最重要的是判別學生是否已經上癮。學生是否為達到預期效果或為防止精神恍惚的負面效應而一再用藥？持續用藥是否妨礙學生處理大學環境中之挑戰與要求的能力？學生試圖取得藥物的努力與風險是否影響其學業表現或人際關係的發展？

藥癮是很難處理的，上了癮的人必須視此為問題並尋求治療才能有效改善其情況。許多大學生都覺得用藥除了自己以外並不會影響到其他人，否認用藥會造成任何傷害，並認為既然礙不著別人，也就不關別人的事。想戒除藥癮有許多不同療程，但是除非上癮的人先有戒藥的意願，否則沒有任何療程派得上用場。此外，上癮的人必須盡力改變使其上癮的生活環境，像是結交新朋友，或減緩某些生活壓力

等。有些用藥成癮的大學生必須暫時或永久地離開大學環境，才能展開沒有藥物的生活。

 # 飲食失調

文化上之重視女性的窈窕身段，以及運動、體操及舞蹈界對控制體重的高度關切，導致了兩種相關性的飲食失調，即厭食症（anorexia nervosa）與貪食症（bulimia）。厭食症是較廣為人知的飲食失調，患者多半是青少年或年輕女性。有些年輕男性也會為此情況所苦。厭食症是因過度害怕肥胖而起，即使已經非常輕盈，仍認為自己過重。他們似乎對吃深懷恐懼，經常讓自己處於挨餓狀態。一段時期以後，思考能力會受營養不良的結果影響，固執地以為自己體重過重，而藉不斷運動及輕瀉劑繼續減重，此時其滿腦子都只是食物、體重及體態而已。

貪食症（bulimia）屬類似狀況，也和害怕體重過重有關。貪食者會暴飲暴食，然後自發性地嘔吐。其行為是強制性的，貪食症者無法不飲食過量，隨後也必然嘔吐。

促成貪食症的原因不一。多數患有飲食失調的年輕人，目的似乎是在學著如何控制自己的生活。他們通常來自於很少有機會表達自己觀點或不敢違抗父母的家庭。成長過程中，他們習慣了服從。經由飲食失調，他們企圖服膺苗條是美的信條，以吃吃吐吐的循環來調節其對身體的控制能力。

其他有飲食失調症狀的人也大抵是對肥胖過度恐懼，好像變胖

就會受到處罰似的。對某些大學生而言這種心理倒是不假，像是舞者、運動員、游泳選手及潛水員都強烈要求自己要維持體態輕盈。還有許多運動類項，也對體重有其嚴格要求，於是學生會謹慎地透過節食或暴飲暴食來控制其體重。拿體育獎學金的學生如果無法控制體重，也可能損失慘重。

另有一種說法是，保持纖細是年輕女性想逃避從兒童期進入成人期的一種方式。事實上，厭食症的後果之一便是月信不來。有些年輕女性會藉由保持孩童般的身材，以規避在進入成人期後在性、群性與情緒上的改變。

飲食失調很難治療。厭食症者尤其比貪食症者更不認為自己的情況有什麼問題。他們看待自己身體的態度不如旁人客觀，體重減輕只會使其覺得愉快，不是煩惱，而家人或朋友的關懷，只會讓他們想成是要控制其行為的干涉活動。這種人需要住院治療，以心理治療及控制得宜的療程，重新塑造其飲食行為。即使已恢復正常體重，患者仍需持續作心理治療，且可能很難維持健康的飲食習慣。

 ## 嚴重的心理疾病

有些曾在中學時期曾接受心理治療的學生爾後也能上大學。有時候這些仍在接受治療的學生，會因校園環境中的要求及課業上壓力，而使得病情加重。或者是在大學時才開始出現較為嚴重的心理徵兆。

在十五到廿五歲的美國青少年中，最普遍之精神失調現象為精

神分裂症（schizophrenia）。精神分裂症是許多心理疾病的通用術語，其徵狀是思考、推理、情緒、人際關係及日常生活上，都會受到影響。患有精神分裂症的人無法以邏輯方式思考與感受。他們會變得退縮、以不適當的方式回應別人，以及產生妄想（delusion）或幻覺（hallucination）。錯覺是超乎現實的複雜思想體系，幻覺則是無法回應真實的知覺體驗，比方說產生幻聽等。

精神分裂症者通常會抱怨無法思考，認為有某種力量影響其思考能力，或者是認為其思想已傳送給其他人，或是覺得自己的想法很危險──可能會把腦袋燒個洞。有時候，精神分裂症者說的話毫無頭緒，語言結構不具任何意義。

精神分裂症的成因尚未明朗化。有些人確實是由於遺傳因素所致，不過生活因素也可能是部分誘因。個人生活上的壓力或是突然失去社會支持會突顯出原本發展得不好或無序的人格特質。有時候校園生活中所帶來的壓力或要求之獨立性，也會使得原本在家庭結構與支持下中規中矩的人，因為失去家庭性支援而顯露出其缺乏人格整合的能力。

與精神分裂症的病徵相關及其他嚴重的心理失調會嚇得人驚慌失措。其他同學很快便會認知到他們無法提供多大協助。患者在五到六個月間情況會惡化，而朋友或家庭成員只能眼睜睜地看著使不上力。如果你的孩子認為其同學患有嚴重精神疾病的徵兆，應積極鼓勵其同學進行心理輔導。心理疾病是非常嚴重的問題，不是室友間和善的交談就能解決。不過，患者通常不會願意求助，而且由於其對情境之思考能力過於紊亂，也無法採取積極的步調。如果同學的行為已經對自己或別人帶來困擾或威脅，應鼓勵孩子通知輔導人員或心理健康方面的專業人員，必要時，通知校警。

一經診斷證實，精神分裂症者應住院及接受藥物治療。即使接受治療，其治癒率也很難預估。經診斷為精神分裂症的患者中，大約只有30%可以重新過獨立的生活。

 ## 性傳染病

性傳染病，亦即是性病（venereal diseases），係經由性行為感染。其感染途徑是性喜黑暗、溫暖而潮濕區域的感染原（organisms）；人類的生殖器正好是性病病菌的溫床。一旦開始滋生，它們會游走身體的其他部位，而感染體內器官。儘管疾病的初步徵狀可能消失，性病本身卻無法治癒，而且受感染者會繼續傳染給其他人。

一年中有多位性伴侶的人通常較容易染上性傳染病。在1970年代，由於對性的態度趨於開放，導致對婚外性行為更加包容。此一心態亦反映在大學時期的男女性行為上。到了1980年，75%以上的大學男性以及60%以上的大學女性承認有過性經驗。由普遍以避孕丸為避孕方式的趨勢來看，相對地，感染性病的可能性也隨而增高，因為這顯示有性行為的伴侶不會以保險套或足以阻礙感染的其他避孕措施。此外，多數年輕人也認定性傳染病可藉由抗生素迅速根治。

到了今天，大學生的性行為風險更高。泡疹（herpes）、肝炎（hepatitis）和愛滋病（AIDS）都無法由藥物治療。但是像致命的愛滋病（後天免疫不全症候群）病毒，如能在性行為前採取預防措施，還是可以大為降低罹患率。有關方面極力呼籲性行為頻繁的年輕人應

固定只和瞭解其生活習性之少數性伴侶往來，並避免進行沒有保護措施的性行爲。目前爲止，禁慾仍是對抗愛滋病及其他性傳染病的最佳防禦。爲避免泡疹及愛滋病在大學校園中蔓延，校方已更積極推動性教育、強調個人衛生的基本概念、定期作最先進的檢查，並讓學生在學生團體或宿舍中有更容易取得保險套的管道。

 ## 非意願懷孕

大約有30%的青少年及大學女生會因性行爲而懷孕，原因是未定期或完全沒有避孕措施。換句話說，因而懷孕的人中，極少是在其計畫中的。

無論懷孕的年輕女孩是決定墮胎或選擇生下孩子，非意願懷孕在情感上都是種痛苦的經驗。多數懷孕的大學女生會認爲其懷孕是種失誤，而且把這種錯誤與其不當的獨立判斷連結在一起，苛責自己太容易受伴侶的甜言蜜語所惑。而同時，既然犯了錯，她們便覺得應獨自處理因此而來的後果，以證明其獨立性。如果事情發生後父母採取冷眼旁觀態度，她們自行善後的心志會更堅決。

早期的性行爲通常伴隨著強烈的失望。許多人並無法經由短暫的親密感覺建立起長遠的情感連屬，不覺得更親密，沒有更深的相繫。有些年輕女孩會因而轉向其未出世的孩子尋求這方面的慰藉。

懷孕的大學女生通常處於脆弱的情感狀態。她們很容易沮喪、發怒、避開人群，認爲因懷孕而受到排斥或引致本身的焦慮，都是自己行爲所必然招致的後果，於是試著抗拒懷孕的事實，也延緩在懷孕

期對胎兒的照顧。

　　意外懷孕也會使得將爲人父的大學男生產生危機意識，並爲造成這種結果而覺得罪惡或羞愧感。多數情形中男方通常得謀職以生養孩子或結婚。

　　這類學生需要協助以瞭解其處境雖然棘手，但是可以解決。他們需要來自於朋友、家人、健康照護專業人員及校方教務人員的支持，協助他們作多方面的抉擇，如墮胎、將孩子送給別人扶養或自行扶養孩子。如果決定留下孩子，則需尋求協助管道，讓其既能照顧孩子，並能完成其學業。牽涉到非意願懷孕的大學生，需要經由諮商來協助其瞭解對懷孕的感受，應該墮胎或擔任起親職角色，以及未來的性關係等。

 ## 偏執

　　本書強調了大學生活各種面貌的正面意義。大學生有機會遇見來自於迥異之文化背景、不同種族與宗教信仰，以及喜好不同生活型態的人，其想法、價值觀及目標會在遇到挑戰其看法，及對人生有不同需求之其他學生與教師時逐漸成形。欲形成認同，必須能面對種種差異性，以及得以探索其他可能性。

　　不過，在大學生活的多樣性中，偏執也是其中一種。許多大學生係來自於偏狹而保守的家庭或社區，認定自己知道什麼是對的以及最好的。他們對特定宗教、種族、民族或生活型態懷有強烈而負面的刻板印象，不願接受大學校園中來自成人的壓力，以學習其他觀點或

接受新的想法。

這種抗拒改變的方式之一，便是與其不同的人產生敵意。於是，我們會發現在大學校園中彼此敵對的例子，小至以匿名的房間塗鴉作抗議、至明顯偏激的評論、甚至是個人與個人或集體與集體間的暴力相向。

最遺憾的是，不只是學生會有偏執行為。某些教職員、研究所助教或職員也會以不尊重或偏見的方式對待特定學生。這些成人可能極少與來自特定背景的學生交往，而認定來自於某一或某些團體的學生無法完成大學學業或是不應屬於該大學。

有些學生可能因為他們是某種宗教、種族、文化或民族的成員；因為其性別；因為其社會階層；因為其性取向；因為其政治觀；或是因為其所居住的區域等等，而感受到來自他人的敵意。不曾碰過偏執狂的學生，很可能因而不知所措，覺得部分自我認同受到了傷害。正當他們試著要讓其個人與家庭史之不同面向融入其對自我的想法時，卻不得不先起而捍衛認同中的此一部分，使其不受攻擊。

以前已經領略過被敵視滋味的學生，則會因大學校園中亦有此種現象而理想幻滅，因為他們原希望大學環境會是個大家能接受及重視不同價值的地方。這種衝擊會令其困惑，怎樣才能算是一種學術環境？如此的大學有何價值？

還有些學生則是會堅定其對抗敵意的決心，致力於教化別人，以及務使具有偏激行為的人受到處罰。

在校園中受他人偏執態度所擾的學生需要有值得信賴的成人，

來傾聽事情始末，以及協助受困學生釐定最有效的行動。多數校園都有諸如：少數民族、消除歧視（affirmative action）、女性服務或其他能讓人輕易顧名思義的辦公場所，以幫助學生處理此類問題，並讓學生確信校園內不接受也不容忍有敵意的行動。經歷過偏執行爲的學生還需要輔導人員幫其處理內心中因爲此類體驗而產生的複雜情緒。

 ## 作弊

作弊是一種從小學、初中到高中都一直存在的問題，並不稀奇。不過，到了大學時期，學生或許會產生一股新的責任感去舉發作弊行爲，或者是在窺見作弊行爲時有種新的怒意。別的學生作弊，可能會使自己處於不利地位。有些從來不作弊的學生，如果一再考試失利，或許就會產生想作弊的強大壓力。但是大學生同時會發現，大學中是以不同以往的認眞態度來對待作弊。

大部分大學都有校規，明白訂定作弊的定義，以及將如何處理。由於大學中鼓勵學生自行寫報告，學生於是有許多和其他同學一起合作的機會，同時校方也鼓勵學生使用書籍、文章和出版品等現成的書面資源。準備報告時，明確規定如何引用資料，學生需確實遵守規定，不得以他人之理念或書面資料爲己用。如援用他人之論述而未說明出處，便是作弊。請人捉刀或是以他人的報告爲己用也是作弊。

考試時也可能作弊。像是在未經允許的情況下夾帶小抄，偷看別人的考卷，或者是頂替他人考試等，學生會有許多種巧妙的方式作弊。還有的學生會偷題，預作準備。甚至會有學生以無線耳機，抄錄

別的同學傳來的答案。

大學生必須明白，不是等到取得學位後，才去考慮道德層面的問題。一旦離開學校進入工作領域，不論以何種方式作弊的誘惑都會越來越大，而規範的約束力越來越薄弱。因此在大學期間便需具有面對及克服這些誘惑的能力。

學生發現作弊情形時，時常會猶豫是否要逕行舉發，因為那得要有相當大的勇氣。多數學生不喜歡對他人作道德判斷。不過，為了讓每個學生能在公平的機制下競爭，看到有人作弊，應有道德勇氣說出來。因此，發現有人作弊，或知道有人有不誠實的行為時，應立即通知導師，讓導師依狀況以合宜的步驟處置參與作弊的學生。

我們處理過學生在大學校園中可能面臨的形形色色問題。無庸置疑地，多數大學生都是毫無上述嚴重問題而在大學期間有所成長的。同時，許多學生也能告訴你有些人所曾經有過的掙扎，有的甚至以悲劇收場。有問題，正足以提醒學子，大學生活所可能面臨的種種挑戰。沒有風險就沒有真正的成長，不曾放棄也就不可能有真正的改變。想要從孩提時期步入成人期，必須拋棄部分舊有的舒適與安全，而接受更多責任與不確定性。

我們希望，所有父母都能讓孩子做好心理準備，勇於放棄該放棄的，也敢於冒應有的風險。不過，有些孩子難免比較脆弱，無法以基本的個人力量單獨處理這些壓力。但是，他們也許不會求助。年輕人在積極證明其獨立性時，往往會拒絕求助。於是他們會否認問題的存在，憎恨別人的忠告，或是躲避那些想伸出援手的人。發生這類情況時，我們每每希望能引導學生善用各種對其有極大助益的資源。最重要的是，我們必須讓這些學生確信，尋求協助並不代表失敗，反而

是種勇者才有的行為，因為他們勇於為掌握自己的命運而努力。

 建議讀物

Monte, C. F. (1990). *Merlin: The sorcerer's guide to survival in college*. Belmont, CA: Wadsworth.

Rowh, M. (1989). *Coping with stress in college: Everything students need to know to manage the pressures of college life*. New York: College Entrance Examination Board.

9 結論

　　我們爲什麼讓孩子上大學？多數人大都會以教育或經濟層面來考量——修課、增長見聞、成爲專家、準備展開生涯規劃、或確保未來經濟無虞等等。大學教育當然容易吸收到新的資訊，也提高增加收入的潛力。但是在本書中，我們所要強調的是，大學時代是建立個人認同的時期。年輕人會在這幾年間坦誠而深刻地自我檢視。這幾年間，其智性已經成熟到能夠包容各種思想、價值觀和目標。大學則容許並鼓舞學子去開展此一嶄新的歷程。大學是一種整全教育，同時刺激智性與個人的成長。大學經驗對智性發展、人格形成及人際關係的形成等各方面的影響，環環相扣。

 ## 建議性摘要

　　以下是前面章節曾出現過之理念與建議的摘要，旨在讓你與孩子在其大學期間或往後的歲月得以維持和諧的關係。

　　如何避免孩子犯嚴重的錯誤，而仍令其堅信，其有能力自行作決定？以高中時期爲基準，評估孩子之決定與判斷能力。將過去對孩子的信任，及以其爲傲的心情發揮到極致，便能對其將來抱持同樣的信心。

　　不再只是提出自己的建議與看法，讓孩子有更寬廣的發揮空間，而只在必要時徵詢你的意見。鼓勵孩子在作決定前，儘可能利用各種收集得到的資訊。與孩子討論種種後果，及權衡各種抉擇間的取捨，並讓孩子加入家庭決策。

　　如果處於大學時期的孩子所作的決定和你的決定不同，需謹記

在心的是，其未來和你的人生有重疊的部分，但是並不相同。他們所做的選擇，係依其成年時之規劃爲考量。

孩子變得越加獨立時，你也一樣。不妨花點時間來檢視自己生命中抉擇的優先性，及探索你個人發展上的新目標。欲達到個人認同，必須在社會上所接受的角色及價值體系內，自動地整合興趣、天賦及個人目標。在處於大學時期中的孩子試圖認同自己的天賦、興趣與才能，以及探索各種角色與價值的時候，父母要盡力支持其度過各個心理上的不確定期。

鼓勵學生充份利用大學或學院的資源去探索其個人或家族史。

瞭解並鼓舞孩子在任何領域中的成就。

運用你自己對成人生活的瞭解，幫孩子理解工作需求、家庭及社區角色對其成人生活的影響。

不要對孩子之嘗試或角色扮演反應過度，視其爲認同探索上的一個必然過程就可以了。

不要對孩子早期所做的承諾過於熱切或憂心忡忡──那類承諾未必持久。

留心孩子是否正經歷認同危機，或是無法做任何信諾。依過去與孩子在相處時其如何作決定及解決問題的取向，父母應是最能處理這類問題的人。

每所大學都有其不同校風。在選擇適合孩子就讀的前幾所大學時，需對各大學之學術、校風及資源等等，都先有充份的瞭解。

自行前往校園參觀，直接看看孩子對大學的適應情形。試著從種種跡象來判斷孩子能否適應大學環境，以及評估其在大學體系中所面臨的衝突。哪些衝突，是刺激其成長或使其更困惑的因素？

讓孩子知道，你能瞭解在大學的頭幾個月甚至第一整年都是很難熬的。如果孩子決定換到另一所大學就讀或是想先休學一陣子，尊重其決定。

孩子在大學中能否過的自在又有多方面成就，友誼是一重要因素。讓孩子知道，你瞭解這點，也重視他們的朋友。

鼓勵孩子多和不同背景的人深入交往。與來自不同種族、宗教信仰、民族及社會階層的人交談、交往及共同進行研究計畫，係一整全大學教育中的重要部分。

大學時期如何建立親密關係，也是一個值得學習的新領域。在學習如何符合別人的需求時，孩子也會發現自己人格特質中的重要層面。

有些學生的中學戀史帶有破壞性。父母可以幫孩子以客觀的觀點去看待這類關係，鼓勵孩子把心力放在課業上，不要陷得太深。

讓孩子確信展開新戀情是很自然的，且在成年時期這種呵護他人的能力仍會持續成長。

對年輕人的情愛關係持謹慎態度。孩子可能會尋求你對其戀愛對象的看法。不要過於熱心或吹毛求疵，試著保持淡然的中立態度。

鼓勵孩子對其生涯作一長遠規劃，並對大學教育之價值抱持客

觀態度。

做好孩子會在大學時期的前幾年間數度改變其主修課程或生涯目標的心理準備。這種情形相當正常，不論父母或孩子都不必過於在意。

多數學生會在大二結束前選定其主修課程，而後同時或在大三或大四時期選定其職業。

如果孩子在作決定時三心二意，先確定其是否正處於探索期，或是的確無法做重要決定。如果孩子裹足不前，應試著介入。耐心聆聽其困擾所在，以判斷問題是出在大學體系上，或是孩子本身缺乏信心，或者是兩者兼而有之。如果是體系上的問題，鼓勵孩子和輔導人員、系主任、生涯規劃人員或主管入學事務的人員商談。如果是學生缺乏信心或是不明白事情的實際狀況，鼓勵其與生涯規劃人員談談。

幫孩子以實際的觀點檢視會影響生涯決定的因素，幫其權衡各因素間的得失。

澄清你對孩子之工作期望，使其不再受制於不切實際的需求。

瞭解價值發展的各個階段，才可能解讀其中的徵兆。即使孩子因探索而對其原先之信念及價值觀產生懷疑，這種信念上的掙扎其實對孩子的心理成長有極大助益。

當孩子覺得所有價值觀都是相關的，父母與孩子的對應尤其困難。如果反對孩子的價值觀，孩子會認為你心胸狹窄。試著去理解，這也是孩子探索過程中的一部分，是其藉以建立長遠承諾的一個過

程。

孩子碰到問題時，父母是提供忠告及協助的重要管道。抱持開放的心態，才能瞭解孩子對大學生活的適應程度，並幫其釐清其所聽到或經歷到的問題。

孩子會因大學同學或朋友自殺或意圖自殺而深受困擾。讓孩子確信，有人自殺時，其周遭的人本來就會有極強烈的反應。鼓勵孩子說出其內心的感受，並幫其看清自殺並非解決失敗或失落感的正確方式。

如果你的兒子或女兒認為其同學的想法或行為有嚴重偏差，建議孩子請該同學接受心理治療。如果該同學的行為已經變得具有威脅性，應提醒輔導人員或心理方面的專業人員注意。

讓孩子確實瞭解，為解決令其困擾之人際關係、學業上或情緒上問題而尋求協助，不是失敗而是成熟的表現，表示個人願意探索不同的可能性，並對自己的未來負責。

大學有極深遠的教化功能。大學時期的孩子變得更體貼，更能回應別人的需求，更能體會人類文化的成就，更堅定其信念，也更願意努力達成其目標。

所以有這些教化功能，部分原因來自於與不同事物的交集。不論是經由課程、與其它學生的交會，或者是學生活動的參與，大學生時常得面對考慮多種觀點的需求，於是以自我為中心的大一新生逐漸變得較有彈性，他們不會遽下判斷，而是先行蒐證、從不同的論點中檢視其邏輯。他們認為欲達到充實而有智慧的人生，必須尊重不同的

意見，也瞭解爲釐清自己的觀點，必須先融會其他不同的觀點。

　　大學教化功效的另一部分成因則是來自更深遠的人際關係。經由親密的友誼、與教職員的互動，對校園領袖的認同，以及愛情關係，大學生會更進一步地敞開自我。他們經歷忠誠與背叛的探索、學會信賴別人、施與受、相互鼓勵與安慰，以及慶賀彼此的成就。他們也會檢視其價值觀，並在朋友的陪伴下探索不同的角色，而朋友瞭解並接受他們，也任其盡情展現不確定與無法預測的行爲。

　　觀念上的探索會助長大學體驗的教化功能。學生在閱讀柏拉圖、研讀美國憲法、朗誦法國詩篇或學習牛頓定律時，便置身於綿綿不斷的問與答中，發現自己心中的疑團，千百年來已經被那些詩人、科學家及哲學家一再提出來過。而他們在獲致複雜事件的解釋時所獲得的極大滿足，也和在其之前許許多多的學子所曾有過的感受一樣。他們發現，自己是人類探求知識與眞理之長河中的一份子。

　　最後必須帶上一筆的是，形成個人認同的探索歷程，亦爲大學教化功能助上一臂之力。充份利用大學環境以嘗試不同角色，檢視不同價值觀與看法，探索不同主修領域，以及多方思考未來走向的學生，通常會經歷一段難熬的不確定期。這是成長的代價。在經歷茫然、自己無定見或對未來毫無目標的時期時，大學生會深感孤獨、渺小和無助，這些情感正足以助長其同情能力。形成其個人認同後，他們將更能瞭解他人的孤獨與無助，更能接受自己性格上脆弱的一面，對別人也更爲寬容。

家有大學生:親子互動手冊

著　　者／Barbara M. Newman & Philip R. Newman

譯　　者／王慧玲

出 版 者／揚智文化事業股份有限公司

發 行 人／葉忠賢

責任編輯／賴筱彌

登 記 證／局版北市業字第 1117 號

地　　址／台北市新生南路三段 88 號 5 樓之 6

電　　話／886-2-23660309　886-2-23660313

傳　　真／886-2-23660310

印　　刷／鼎易印刷事業股份有限公司

法律顧問／北辰著作權事務所　蕭雄淋律師

初版一刷／2001 年 7 月

ＩＳＢＮ／957-818-278-3

定　　價／新台幣 150 元

郵政劃撥／14534976

帳　　戶／揚智文化事業股份有限公司

E-mail／tn605541@ms6.tisnet.net.tw

網　　址／http://www.ycrc.com.tw

國家圖書館出版品預行編目資料

家有大學生：親子互動手冊／
Barbara M. Newman, Philip R. Newman 著;
　王慧玲譯, -- 初版. --台北市：
　揚智文化 , 2001[民 90]
　面 ; 公分.
譯自：When Kids go to College: A Parent's
　　　 Guide to Changing Relationships
ISBN 957-818-278-3(平裝)

1.高等教育-學生　2.親職教育　3.父母與子女

　525.78　　　　　　　　　　　90005391